Elogios

«Si te sientes estancado emocional, espiritual o relacionalmente, este libro es para ti. En *Avanza, ¡no te detengas!*, el pastor John Siebeling te ayuda a identificar los problemas que te detienen y te equipa con la absoluta y transformadora verdad de la Palabra de Dios. Además, esta obra abre una nueva perspectiva puesto que es hora de avanzar».

CRAIG GROESCHEL, pastor de la congregación
Life.Church y autor de *Sin filtro* y
El noviazgo, amor, sexo y seremos felices para siempre

«Una vida de libertad puede ser difícil de alcanzar en medio del caos y las distracciones cotidianas. En su obra *Avanza, ¡no te detengas!*, mi amigo John Siebeling cuenta las experiencias que lo han liberado de esos obstáculos y te equipa con enseñanzas vivificadoras para que te aferres a lo mejor que Dios tiene para ti».

JOHN BEVERE, autor y ministro, Messenger International

«*Avanza, ¡no te detengas!* es un libro revelador que permite que los lectores vean los muros entre ellos y Dios. John Siebeling expone ideas sobresalientes y pensamientos sobre las barreras que pueden detenernos en la vida. Además, nos brinda ejemplos bíblicos de cómo lidiar con cada una de las batallas de la vida. Si quieres estar más cerca de Dios, pero sientes que tus luchas te detienen, este libro es perfecto para ti».

MATTHEW BARNETT, cofundador de The Dream Center

«Muchos cristianos *existen*, pero realmente no *viven*. En vez de eliminar la basura de nuestras vidas, a menudo nos adaptamos al peso de nuestros problemas, los enterramos más profundo y los olvidamos de manera conveniente. Este libro incalculablemente valioso, no solo identifica las áreas difíciles que agobian nuestras vidas espirituales; también provee herramientas bíblicas prácticas para ayudarnos a desechar lo innecesario y cambiar para siempre».

STOVALL WEEMS, pastor de la congregación
Celebration Church

«Cuando somos jóvenes y todo lo que poseemos cabe en nuestro automóvil, mudarnos no es muy difícil. Pero a medida que avanzamos en la vida tendemos a acumular más y más cosas hasta que, finalmente, la idea de mudarnos parece abrumadora. Lo mismo sucede en nuestras vidas espirituales; dejamos que nuestro equipaje nos impida vivir la clase de vida que Dios tiene para nosotros. Si eso se identifica contigo, ¡lee el nuevo libro de mi amigo John Siebeling y prepárate para mudarte!»

GREG SURRATT, pastor fundador de la congregación
Seacoast Church

«Con claridad y pasión, *Avanza, ¡no te detengas!* revela diez inconvenientes que pueden mantenerte estancado en una espiral descendente. Si no puedes superar tu pasado, John Siebeling no te defraudará, te dará los pasos necesarios para seguir adelante».

RICK BEZET, pastor principal de la congregación
New Life Church, Arkansas

JOHN SIEBELING

AVANZA

¡no te detengas!

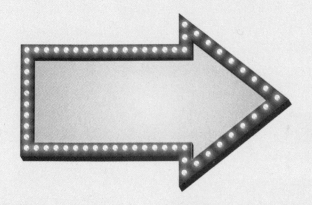

SUPERA *los* HÁBITOS, PROBLEMAS *y* PERCANCES *que te* DETIENEN

Para vivir la Palabra

MANTÉNGANSE ALERTA;
PERMANEZCAN FIRMES EN LA FE;
SEAN VALIENTES Y FUERTES.
—1 CORINTIOS 16:13, NVI

Edición en español © 2018 Editorial Nivel Uno, una división de Grupo Nivel Uno, Inc.

Publicado por:
Editorial Nivel Uno, Inc.
3838 Crestwood Circle
Weston, Fl 33331
www.editorialniveluno.com

Publicado en inglés bajo el título:
MOVING FORWARD
Copyright © 2016 by John Siebeling
Published by Baker Books
una división de Baker Publishing Group
P.O. Box 6287, Grand Rapids, MI 49516-6287

ISBN: 978-1-941538-42-5

Desarrollo editorial: *Grupo Nivel Uno, Inc.*
Diseño interior y portada: *Grupo Nivel Uno, Inc.*

Impreso en USA

18 19 20 21 22 VP 9 8 7 6 5 4 3 2

Contenido

Introducción: Es hora   7

1. El juego de la culpa   17
2. Adelante, con paso firme   33
3. Cómo vencer la preocupación   57
4. Adiós, pensamientos negativos   75
5. Tiempo de restaurar   95
6. Acceso restringido   113
7. Abre la puerta (y bota la llave)   129
8. Cree en grande, esfuérzate al máximo   145
9. Los siete pilares de la sabiduría financiera   163
10. No odies mientras esperas   183

Epílogo: Espíritu de vencedor   201
Apéndice: Guía para hacer un presupuesto   215
Agradecimientos   218
Notas   219
Acerca del autor   223

Introducción

Es hora

El ayer no nos ayuda a recuperarnos,
pero con el mañana podemos ganar o perder.

Lyndon B. Johnson

La vida puede ser impredecible. No siempre sabes qué sucederá o qué vas a necesitar para enfrentarla con éxito. Y aunque a un nivel profundo y filosófico, esto es cierto, en mis primeros años como padre también adquirió un significado mucho más preciso. Especialmente cuando se trataba de ir a cualquier lugar con los niños y pasarlo bien. Sobre todo en los viajes por carretera.

Ignoras, al pie de la letra, qué va a pasar en el trayecto hasta que llegues a tu destino o lo que podrías necesitar para garantizar un viaje relativamente sin problemas. Mi lema de supervivencia es: «Prepárate... si no...»

Cuando nuestros hijos eran pequeños, teníamos una camioneta Honda Odyssey que nos encantaba. Era fantástica, tenía espacio para todo lo que necesitábamos, para cualquier situación que surgiera. Solo había un problema con ella: tenía mucho espacio para todo lo que *no* necesitábamos también.

Había tanto espacio que era casi como que nos engañaron para que pusiéramos todo lo que quisiéramos y más.

Recuerdo una visita, en particular, a Baton Rouge que podría haber roto el récord de la cantidad de cosas —por persona— que llevamos; por ejemplo, para el bebé: el coche, la silla para comer, el asiento para el carro, el andador, el corral, unos videos, unos envases con bocadillos, un refrigerador para comida de bebés, las bolsas de pañales; una planta en su maceta para el papá de Leslie y mucho más; además de todo nuestro equipaje, por supuesto.

Lo solucionamos todo sin dolores de cabeza por tratar de decidir qué llevar y qué dejar en casa. Fue grandioso. Por supuesto, no podía ver nada por el espejo retrovisor puesto que estaba lleno de cosas. No cabía ni una aguja, pero a esas alturas —realmente— no quería detenerme, desempacar ni decidir qué llevar o qué dejar. Lo más fácil era seguir adelante.

Eso creía yo.

Al fin llegamos a casa de los padres de Leslie y —treinta y ocho entradas y salidas más tarde—, todavía seguía sacando cosas del vehículo. El papá de Leslie daba unas cuantas vueltas alrededor y al final bromeaba: «¿Todavía estás desempacando? ¿Se están mudando?» La verdad es que eso era lo que parecía. En mi afán por llegar a nuestro destino, no me detuve a evaluar la cantidad de cosas que habíamos acumulado. En el proceso de preparar el viaje de cuatro días, empacamos lo que parecían ser todas nuestras posesiones en el fondo de la camioneta, y ahora estaba atascado lidiando con las secuelas de nuestra estrategia tipo «llevémonos todo».

Basura en el maletero

Esto podría ser un ejemplo chistoso, aunque la verdad es que nos puede pasar lo mismo, no solo con nuestros autos y nuestras posesiones físicas, sino también con la «basura» que acumulamos en los lugares más profundos de nuestra existencia. Cosas como las heridas no sanadas, las cargas pesadas, los complejos insalubres que acumulamos a lo largo de los años. Asuntos todos por los que no estamos orgullosos... cosas que a veces nadie más puede ver.

Quizás sea el resentimiento que bulle constantemente tras nuestra apariencia por no volver a ser tomados en cuenta para un ascenso en el trabajo. Tal vez los hábitos destructivos, formados en una época llena de presión, nos estén robando lentamente el control de nuestra vida. Quizás el daño de una relación disfuncional nos haya afectado con sentimientos de inseguridad, enojo o remordimiento constantes. O tal vez solo sea una persistente sensación de desencanto con el rumbo que nuestra vida ha tomado.

Muy a menudo, en lugar de ocuparnos de esas heridas y esas luchas con las que nos topamos, las empujamos hacia el fondo y tratamos de olvidarlas. Las dejamos para otro día, esperando que se resuelvan solas. Sin embargo, esos problemas crecen dentro de nosotros y comienzan a filtrarse e influir en la forma en que lidiamos con la vida. A medida que crecen, pueden crear todo tipo de obstáculos en nuestro desempeño.

Imaginémonos tratando de atravesar una pista de obstáculos con una mochila montañera cargada con toda clase de basura. Basura que nos hace más lentos, que nos estanquemos en cualquier escollo y que imposibilita que venzamos las vicisitudes que se nos cruzan antes de llegar a la meta.

La vida tiene suficientes obstáculos que superar; no necesitamos agregar más trayendo la basura del pasado con nosotros.

Pueden ser heridas profundas, vejatorias o hábitos aparentemente inofensivos que se hayan acumulado; el hecho es que todo eso ocupa un espacio valioso en nuestro ser. Si no se abordan esos problemas, la «basura que tenemos en nuestro baúl», nos robará el espacio destinado a lo mejor que Dios tiene para nosotros, como por ejemplo: paz, esperanza, alegría, confianza, visión y mucho más. Demasiadas veces esos problemas son tan profundos que afectan las partes más sensibles y vulnerables de nuestro corazón. Cosas desordenadas, abarrotadas y enredadas que son incómodas de reconocer y más aún de lidiar con ellas. Entonces es cuando decimos que el basurero de nuestro corazón no es realmente un gran problema.

Pero sí que lo es.

¿Por qué? *Porque Dios tiene algo mejor para nosotros.*

Un corazón limpio

Algunas personas pasan todo el tiempo inconformes con la vida que llevan, pero ignoran que esta puede ser diferente. Quiero alentarte, amigo: Claro que se puede. A medida que avanzamos, es inevitable que enfrentemos desafíos, tentaciones y obstáculos. La buena noticia es que no debemos permitir que sean esas fuerzas las que definan nuestra vida. Romanos 8:37 nos recuerda lo siguiente: «Sin embargo, en todo esto somos más que vencedores por medio de aquel que nos amó».

Dios nos ha llamado a tener una vida de superación, a elevarnos por encima de cualquier cosa que nos agobie sosteniéndonos para que experimentemos lo mejor de Él. Dios no quiere que nuestra «basura» nos detenga. No desea que nos defina ni que nos domine. Él quiere que tengamos libertad y que avancemos en la vida. De eso se trata este libro.

En 1 Crónicas, David eleva una poderosa oración por su hijo Salomón. La mayor tarea de Salomón estaba delante de él mientras se preparaba para construir el templo que acogería la presencia de Dios. David entendió completamente el papel que el corazón de Salomón podría desempeñar para determinar si el resultado sería un éxito o un fracaso.

«Dale también a mi hijo Salomón *un corazón íntegro*, para que obedezca y ponga en práctica tus mandamientos, preceptos y leyes. Permítele construir el templo para el cual he hecho esta provisión» (1 Crónicas 29:19, énfasis agregado).

Es difícil tener una vida triunfante con un corazón desordenado y distraído. Si realmente queremos abrazar la plenitud del llamado que Dios nos ha hecho, tenemos que ahondar en nuestro corazón, en nuestra mente, y arreglar el desorden.

Veamos tres cosas que provienen de un corazón limpio:

1. **Capacidad de obedecer los mandamientos de Dios.** (Cuando recibimos el poder y la fuerza de voluntad para elegir lo que es correcto y rechazar lo malo.)
2. **Habilidad para vivir según las instrucciones y el consejo de Dios.** (Cuando escuchamos la voz de Dios y aceptamos sus principios piadosos y sabios, tomamos decisiones inteligentes para vivir y manejar nuestras vidas cotidianas.)
3. **Capacidad de llevar a cabo los propósitos vinculados a nuestra vida.** (Cuando desarrollamos el potencial que Dios nos ha dado y alcanzamos el propósito para el que nos creó.)

Muchos de nosotros tenemos buenas intenciones y queremos cumplir nuestro llamado en la vida; sin embargo, nos distraemos, nos damos por vencidos cuando las cosas se ponen difíciles, o nos dejamos apresar por los problemas personales y los desafíos que no tratamos a tiempo.

Si queremos lograr todo lo que Dios nos ha llamado a *hacer*, primero tenemos que enfocarnos en convertirnos en lo que Él nos ha llamado a *ser*. Un corazón limpio nos da la fuerza interior para seguir avanzando y progresando a largo plazo.

Un trabajo interno

Nadie —y quiero decir *nadie*— es inmune a tener basura en su baúl. Ni tú. Ni yo. Ni cualquiera. Todos tenemos problemas. Si crees que no tienes ninguno... ¡ese es probablemente tu problema!

A veces, las personas que aparentan tenerlo todo más organizado son las que más sufren y se desgarran por dentro. Es bueno reconocer que no todo está bien, porque ninguno de nosotros lo está.

Dios puede traer libertad y orden incluso a las áreas más desordenadas e insostenibles de nuestra vida. No importa si es algo simple como convertirse en un mejor administrador de nuestro tiempo o algo complicado como liberarse de una adicción que ha estado gobernando nuestra vida por décadas. No importa cuál sea el problema, podemos superarlo con la ayuda de Dios. Pero la verdadera libertad es más que solo modificar el comportamiento aparente; es solucionar el problema desde adentro hacia afuera.

En su distinguido y perspicaz libro *Ordering Your Private World*, Gordon MacDonald habla sobre el papel extraordinariamente importante que desempeña nuestra vida interior al posicionarnos para ser libres y alcanzar nuestro potencial. Cuando joven, Gordon era una de esas personas sobresalientes que todos sabían que estaba destinada a triunfar. Y en el transcurso de los años, según todos los estándares visibles, estaba logrando ese éxito como un joven pastor, esposo y padre.

Sin embargo, a pesar del visible éxito, su mundo interior era caótico y desordenado. De modo que a determinada altura, el peso de sus responsabilidades lo empujó a su punto de quiebre. En un instante cruel y doloroso un sábado por la mañana, se dio cuenta de que había olvidado su mundo interior por demasiado tiempo. Estaba claro que a menos que abordara el caos y el desorden de su vida interna, nunca alcanzaría su máximo potencial y, muy probablemente, su mundo llegaría a destruirse por sí mismo.

Así que en el prefacio de su libro, él cuenta una conmovedora verdad que aprendió en aquella dolorosa —aunque transformadora— temporada de su vida:

El orden de mi mundo privado es un asunto de adentro hacia afuera, no de afuera. Todos somos muy propensos a conseguir artilugios… con la esperanza de que traigan limpieza a la vida. Pero eso no opera de esa manera. Olvídate de los artilugios y comienza con lo interior, tu mundo privado. El orden que buscamos comienza con una exhaustiva búsqueda en nuestro interior. Con preguntas embarazosas que pueden hacer que otros nos ayuden a responderlas. Con una confrontación de creencias y principios que son tóxicos y destructivos. Con escuchar la voz de Dios, que tiene lo mejor para nosotros.[1]

La solución de Dios para el cambio comienza con la disposición a reconocer el desorden que impera en nuestra vida y ponerlo en contacto directo con Él: con su presencia, con su poder, con su Palabra. Él sana los corazones heridos, vuelve a unir los espíritus quebrantados y devuelve la esperanza tanto a los desanimados como a los defraudados. Él quita las cargas y da fuerza a los cansados. Nuestro Dios es un Dios que se especializa en transformar y restaurar.

El nivel de salud y orden que tenemos dentro de nosotros determina cómo hemos de tratar con las situaciones, las oportunidades, los desafíos y las relaciones que tenemos en el presente. Eso, a su vez, determina el nivel de salud y éxito a largo plazo que tenemos en nuestro futuro.

Lo que importa es lo que está dentro. Para mí. Para ti. Para los que nos rodean. Por nuestro futuro y todo lo que Dios nos ha llamado a ser.

Avancemos

Los factores limitantes en nuestro presente no tienen que ser los que determinen nuestro futuro. A causa de la muerte de Cristo en la cruz, hay un futuro nuevo y diferente que espera por nosotros.

El apóstol Pablo describe en Romanos 8:1-2 una poderosa imagen de la libertad que Dios puso a nuestra disposición a través de Jesucristo:

Por lo tanto, ya no hay ninguna condenación para los que están unidos a Cristo Jesús, pues por medio de él la ley del Espíritu de vida me ha liberado de la ley del pecado y de la muerte.

Cuando vivimos bajo el peso de los problemas y las luchas persistentes, realmente parece que viviéramos sometidos a «la ley del pecado y de la muerte». La sombra que el pecado proyecta en nuestra vida puede comenzar a ser parte de nuestra identidad: lo que somos y cómo vivimos. Pero Jesús vino a despejar todo y a hacernos libres. Ya no tenemos que conformarnos con una vida regida por nuestros pecados y debilidades.

· · · · · · · · · · · ·

Escribí este libro porque he visto demasiadas personas viviendo bajo el peso de los problemas y las caídas, para lo cual Dios tiene una solución en su Palabra. Sin embargo, también he visto cuán dramáticamente puede cambiar una vida cuando se practica la verdad de Dios de manera coherente.

Este libro es para cualquiera que esté listo para avanzar en la vida, ya sea que estés progresando o que estés completamente estancado. Aquí analizaremos algunos de los problemas más comunes que pueden ocupar un espacio valioso en tu vida e impedir que recibas lo mejor de Dios. Desmenuzaremos la Sagrada Escritura con el fin de hallar soluciones para superarlos y caminar en verdadera libertad.

Es probable que ningún tema te parezca candente, pero espero que leas cada capítulo con profundo interés. Los principios de la Palabra de Dios a menudo pueden ayudarnos a encontrar la sabiduría para tratar con otras áreas de nuestra vida o abrir nuestra comprensión hacia lo que otros están atravesando.

Al leer, tómate tu tiempo. Detente. Escucha la voz suave y apacible del Espíritu Santo. Pídele a Dios que te ayude a reconocer cualquier área de tu vida que pueda necesitar un poco de orden y limpieza. La autora y experta organizacional Kathi Lipp plantea una declaración profunda sobre las áreas físicas y tangibles de nuestra vida, que también se aplica al área espiritual: «En esencia, el desorden es falta de paz».[2]

A medida que implementamos los principios divinos, estos traen orden y paz a los espacios desordenados y caóticos de nuestra vida. Permíteme animarte a que propongas en tu corazón seguir todo lo que el Espíritu Santo te dirija.

Esta obra te proporcionará pasos prácticos y manejables que te ayudarán a superar los problemas que te detienen. Sin embargo, y más importante aún, oro a Dios para que te muestre la libertad y el propósito que puedes lograr a través de Jesús y que, a su vez, encienda en ti el deseo de seguirlo de manera inexorable.

Así que, si estás listo para aprovechar las posibilidades, escribir un nuevo capítulo en tu historia y comenzar a avanzar, empecemos.

Es hora.

. . . .

Antes de continuar, te animo a que tomes un momento para hablar con Dios —y con toda franqueza— sobre cualquier área de tu vida que pueda impedir que avances. Puedes usar tus propias palabras o hacer esta sencilla oración:

Querido Dios, quiero vencer cualquier cosa que me impida lograr lo que me has llamado a ser y cumplir con todo lo que me has llamado a hacer. Indícame claramente lo que debo cambiar. Ayúdame a abrirte mi corazón y mi vida sin reservas, incluso las áreas más profundas y vulnerables que he mantenido selladas. Haz lo que consideres apropiado. Dame el valor para empezar a hacer lo que debo y la fuerza para llevarlo a cabo. Amén.

Capítulo 1

El juego de la culpa

El precio de la grandeza es la responsabilidad.

Winston Churchill

El actor Steve Carell dijo una vez: «Los porteros, en el futbol, casi nunca obtienen crédito por ganar un juego, pero siempre se les culpa por perderlo».[1] Puedo decirte, por propia experiencia, que eso es cierto el cien por ciento de las veces.

Jugué futbol en noveno y décimo grado, éramos un gran equipo; es más, fuimos campeones estatales. Recuerdo un juego en particular contra uno de los mejores equipos del estado. Íbamos 0 a 0 en los últimos minutos del juego y uno de nuestros oponentes pateó la pelota. Golpeó la pierna de mi compañero de equipo y sonó como si lo hubiera tocado. El árbitro cantó «mano», lo que implicaba un lanzamiento de penalti en el último minuto del juego. Si conoces algo sobre fútbol y penales, sabes que es lo más difícil de defender. Es un mano a mano con el portero, que en ese caso era yo. Puedes imaginarte el resto de la historia. Me lancé en una dirección y la pelota entró por el otro lado. Ellos ganaron 1 a 0.

El juego terminó y todos salimos del campo. Yo estaba furioso con el árbitro. Su error nos robó la victoria que merecíamos. Cuanto más lo pensaba, más me enfurecía.

Subí al auto con mi papá y comencé a quejarme del árbitro y de la jugada que había cantado. ¿Sabes cuál fue la respuesta de mi padre? Me dijo: «¿Cuántas oportunidades tenían ustedes para ganar el juego? Muchas. No pueden culpar al árbitro». Y procedió a darme un discurso de veinte minutos sobre el hecho de culpar a los árbitros, culpar a otras personas y perder bien.

Eso me enfureció más. Mi padre era un hombre inteligente y, como profesor universitario, le encantaba transmitir su sabiduría en forma de conferencias. Todo el tiempo que estuvo hablando, actué como si no lo estuviera escuchando, pero la verdad es que oí cada una de sus palabras. (*Padres, tomen nota: ¡sus hijos escuchan más de lo que ustedes creen!*) Hasta hoy, cuando un deportista pierde un juego y culpa al árbitro en una conferencia de prensa, me perturba. Sé que a veces hay jugadas mal cantadas, pero parte de mí quiere decir: «Deja de culpar a los demás. Hombre, ¡madura!»

Siempre habrá momentos en que las cosas no nos salgan como queremos, algo injusto sucede, o nos encontramos en medio de circunstancias que no podemos controlar. Si bien es posible que no seamos responsables de crearlas, sí lo somos de la manera en que reaccionamos ante ellas.

Me encanta el modo en que el pastor Charles Swindoll habla al respecto en un sencillo ensayo llamado titulado «Actitudes».

Las palabras nunca pueden expresar adecuadamente el asombroso impacto de nuestra actitud con la vida. Cuanto más vivo, más me convenzo de que la vida es un diez por ciento de lo que nos sucede y un noventa por ciento del modo en que respondemos a ella.

Creo que la decisión más importante que puedo tomar día tras día es elegir mi actitud. Ella es más importante que mi pasado, mi educación, mis finanzas, mis éxitos o mis fracasos, mi fama o mi dolor, lo que otras personas piensen de mí o digan sobre mí, mis circunstancias o mi posición. La actitud me mantiene activo o daña mi progreso. Solo alimenta mi fuego o ataca mi esperanza.

Cuando mis actitudes son correctas, no hay una barrera demasiado alta, ningún valle demasiado profundo, ningún sueño demasiado extremo, ningún desafío demasiado grande para mí.[2]

Podemos pensar que las personas que tienen golpes de suerte y las circunstancias ideales que les son entregadas son las más aventajadas en la vida. Pero lo cierto es que tu actitud es lo que te da la ventaja. Cualquiera sea la circunstancia, la persona con un espíritu positivo y dispuesto a hacer las cosas siempre tiene la ventaja.

El enemigo me hizo hacerlo

La culpa es una de las emociones más destructivas que impiden que las personas tengan una vida plena y libre. En efecto, lo que hace que la culpa sea aún más poderosa es que si permitimos que se infiltre en nuestra perspectiva, aunque sea un poco, crecerá hasta convertirse en algo así como una mentalidad que afectará cada parte de nuestra vida.

En Génesis 3, vemos la historia del modo en que Adán y Eva cedieron a la tentación y comieron el fruto que Dios les prohibió que consumieran. El pecado entró en la perfecta e inmaculada creación de Dios por primera vez. Ese fue el momento que cambió todo.

Después que lo comieron, Adán y Eva supieron al instante que habían hecho algo malo. Al leer la historia, vemos que Adán y Eva caminaban con Dios cada tarde. Pero esa tarde, en particular, fue diferente. Dios fue al encuentro de ellos pero no estaban allí. Estaban escondidos en los arbustos, avergonzados por completo. Dios los llama y se inicia un diálogo interesante entre Dios, Adán y Eva:

> Pero Dios el Señor llamó al hombre y le dijo:
> —¿Dónde estás?
> El hombre contestó:
> —Escuché que andabas por el jardín, y tuve miedo porque estoy desnudo. Por eso me escondí.
> —¿Y quién te ha dicho que estás desnudo? —le preguntó Dios—. ¿Acaso has comido del fruto del árbol que yo te prohibí comer?
> Él respondió:
> —La mujer que me diste por compañera me dio de ese fruto, y yo lo comí.
> Entonces Dios el Señor le preguntó a la mujer:
> —¿Qué es lo que has hecho?
> —La serpiente me engañó, y comí —contestó ella (vv. 9-13).

La primera reacción de Adán y Eva cuando fueron atrapados fue buscar a alguien a quien culpar. El pecado entra al mundo y la culpa recae en nosotros. Creo que es importante notar la conexión. Donde está uno, el otro no se queda atrás.

Dios les pregunta si han comido del árbol que les había prohibido, la respuesta es un simple sí o no. En vez de responder, Adán comienza a aferrarse a una «razón». «Ah, bueno, ya ves, Dios... esa mujer... tú sabes, Dios, la mujer que *pusiste* aquí conmigo. Bueno, ella me dio algo de fruto del árbol y me lo comí». Entonces Dios se dirige a Eva para escuchar su versión de la historia, y ella señala con el dedo a la serpiente diciendo: «¡Ella me engañó para que me la comiera!» Todos buscaron de inmediato a quien asignarle la responsabilidad de sus acciones.

Es tu responsabilidad

Para muchas personas, la perspectiva basada en la culpa es el factor más importante que los mantiene estancados en la vida. El deseo de darle a otro la responsabilidad siempre saboteará nuestro éxito en la vida. Es posible que hayas escuchado el refrán: «Las excusas son los clavos que se usan para construir una casa de fracaso». Si realmente queremos avanzar, tenemos que trabajar en la renovación del fundamento de nuestra vida: las creencias fundamentales y las actitudes que nos impulsan. Tenemos que romper y eliminar cualquier mentalidad basada en la culpa para que podamos tener una base sólida sobre la cual construir.

Destructor de culpa # 1
Soy responsable de mi vida

A veces tenemos que detenernos y decirnos esto a nosotros mismos: *Soy responsable de mi vida.* Eso significa que soy responsable de mi actitud. Soy responsable de mis finanzas. Soy responsable de mis decisiones. *Soy responsable.* Este es un principio fundamental que tenemos que adoptar si vamos a vivir de la forma que Dios quiere que vivamos.

Piensa con sinceridad acerca de tu vida y con qué frecuencia puedes evadir el éxito en un aspecto determinado debido a que excusas el estado en que se encuentran las cosas. ¿Hay algún aspecto de tu vida que desees que esté más avanzado o en una mejor posición? Podría ser tu estado de ánimo. Podría ser tu matrimonio. Podría ser tu profesión. Cuestiónate tú mismo: *¿Hay alguna excusa tras la que me escudo? ¿Culpo a alguien o a algo por el estado de ese aspecto particular de mi vida?*

La verdad es que nuestros pretextos excusarán nuestros fracasos. Denis Waitley escritor y consultor de productividad lo expresa de la siguiente manera: «Hay dos opciones principales en la vida: aceptar las condiciones tal como están o aceptar la responsabilidad de cambiarlas».[3] La responsabilidad nos permite cerrar la brecha entre el punto en que estamos y en el que queremos estar.

Destructor de culpa # 2
La culpa es el sello característico del potencial no cumplido

Cuando usamos excusas o culpamos a otros, lo que hacemos es desplazar la responsabilidad. Nos quitamos la que nos corresponde a nosotros y la ponemos en manos de alguien más o de otra cosa. El mayor problema es que, al entregarles la responsabilidad también les damos el poder sobre nuestra vida. Cuando culpamos a alguien, en realidad le damos poder a la persona o cosa que culpamos.

Es muy interesante observar, en el Nuevo Testamento, que la palabra griega original para *pecado* significa «perder la marca», y el término original para *excusa* significa «una razón para perder la marca».

La marca es el plan de Dios y su propósito para nuestra vida. Es ser la persona que Dios nos ha llamado a ser y llevar la vida próspera y triunfante que Dios nos ha llamado a vivir.

Muchas veces somos tentados a pasar por alto los problemas que estancan nuestra vida. Pero la verdad es que ese no es realmente un lujo que podamos darnos. Santiago 4:17 dice que el que sabe hacer el bien y no lo hace, comete pecado. Debemos lidiar rápidamente con cualquier cosa que nos estorbe. Optar por conformarse con menos de lo mejor de Dios hace que perdamos la marca. Cuando culpamos a otro y usamos excusas estamos atrapados en un círculo vicioso.

Si nos mantenemos en ese camino, desarrollaremos una mentalidad de víctima, que siempre nos mantendrá enfocados en el problema y en nosotros mismos. Cuando eso sucede, no podemos ver lo mejor del futuro que Dios planeó para nosotros.

En su libro ¡Sin *excusas!*, Brian Tracy dice:

> Mientras culpes a alguien por algo que no te guste, seguirás siendo un «niño mental». Continuaras viéndote como pequeño e indefenso, como una víctima. Seguirás atacando. Sin embargo, cuando empiezas a aceptar la responsabilidad... te transformas en un «adulto mental». Te ves a ti mismo con el control de tu propia vida y ya no serás una víctima.[4]

Para muchos de nosotros, eso requiere un cambio importante en nuestro pensamiento. La culpa eleva a las personas y las situaciones por encima del poder que Dios puso en ti. Cuando lo vemos de esa manera, podemos reconocer que este tipo de pensamiento es totalmente contrario a lo que establece la Palabra de Dios. 1 Juan 4:4 nos recuerda que «el [Espíritu] que está en ustedes es más poderoso que el que está en el mundo».

En vez de vernos como víctimas de nuestras circunstancias, necesitamos vernos a nosotros mismos con el potencial que Dios ve en nosotros: fuertes, competentes y capaces de tomar buenas decisiones. El momento en que asumimos la responsabilidad es el mismo en que comenzamos el camino hacia el éxito.

Destructor de culpa # 3
La culpa me incapacita, aceptar la responsabilidad me da poder

La culpa continuamente te quita algo, pero aceptar la responsabilidad siempre te da más. Aceptar la responsabilidad puede que no sea el camino más fácil, y es probable que no se sienta bien en el momento, pero siempre será la opción que más adelante impulse nuestra vida a largo plazo.

En Lucas 14, Jesús cuenta una historia sencilla de la que podemos aprender mucho. Se trata de un hombre que estaba preparando una gran fiesta. Invitó a muchas personas, pero cuando su sirviente fue a confirmar la asistencia de los invitados, uno por uno comenzaron a declinar la invitación.

Pero todos, sin excepción, comenzaron a disculparse. El primero le dijo: «Acabo de comprar un terreno y tengo que ir a verlo. Te ruego que me disculpes». Otro adujo: «Acabo de comprar cinco yuntas de bueyes, y voy a probarlas. Te ruego que me disculpes». Otro alegó: «Acabo de casarme y por eso no puedo ir». El siervo regresó y le informó de esto a su señor. Entonces el dueño de la casa se enojó y le mandó a su siervo: «Sal de prisa por las plazas y los callejones del pueblo, y trae acá a los pobres, a los inválidos, a los cojos y a los ciegos». «Señor —le dijo luego el siervo—, ya hice lo que usted me mandó, pero todavía hay lugar». Entonces el señor le respondió: «Ve por los caminos y las veredas, y oblígalos a entrar para que se llene mi casa. Les digo que ninguno de aquellos invitados disfrutará de mi banquete» (vv. 18-24).

Jesús nos está dando una ilustración sobre el reino de Dios y las grandes cosas que Dios tiene para ti y para mí. El maestro preparó todo tipo de cosas maravillosas para sus invitados, pero estos evadieron con excusas la oportunidad de recibirlas. Vemos aquí tres actitudes que generan excusas y les roban la bendición que tienen a su disposición: orgullo, falta de respeto y complacencia. La responsabilidad, en cambio, nos arma con humildad, respeto y determinación.

La responsabilidad nos arma con humildad

Una de las primeras cosas que podemos notar en este pasaje es lo egocéntricos que son todas esas personas. Más que cualquier otra palabra, la que vemos es la que está *en primera persona*. «[Yo] acabo... [Yo] tengo... No puedo...»

Cuando nos enfocamos en nosotros mismos, hay cierto sentido de orgullo; el cual allana el camino para la destrucción en nuestra vida (Proverbios 16:18). El orgullo nos impide ver cualquier falla en nosotros mismos; siempre es culpa de otra persona. *Es culpa de mi padre, la forma en que nos crió... Es culpa del sistema escolar... Es culpa de mi esposa... Es mi personalidad... Son mis hijos... Es mi jefe...* Sin embargo, si nos detenemos y pensamos en ello, ¿no es muy presuntuoso pensar que no tenemos nada que ver con ninguno de los desafíos que enfrentamos?

Jim Collins, autor de *Good to Great* y renombrado investigador de gestión empresarial, habla sobre líderes de «nivel cinco»: los ejecutivos de más alto calibre que se ha encontrado que poseen dos características distintivas y definitorias: extrema humildad personal e intensa voluntad profesional. Las otras características comunes a este grupo élite de líderes eran una resolución feroz y la tendencia a dar crédito a los demás mientras se culpaban a sí mismos.[5]

El orgullo crea resistencia y obstáculos al éxito en nuestra vida, pero la voluntad de asumir la responsabilidad hace todo lo contrario. Como indica 1 Pedro 5:5: «Dios se opone a los orgullosos, pero da gracia a los humildes». El espíritu humilde crea impulso y nos da la ventaja que nos brinda Dios en la vida.

La responsabilidad nos arma con respeto

Cuando leemos esta historia, parece que esos tipos habían sido invitados anteriormente y habían aceptado la invitación. El siervo fue enviado para reunir a los que habían sido invitados y habían aceptado. Pero ahora, a pesar de que habían dicho que sí antes, se retractaron. Su desaire hacia el anfitrión que los había invitado indudablemente les costó su respeto.

Al elegir aceptar la responsabilidad en las áreas pequeñas, prácticas y cotidianas de nuestra vida, comenzaremos a ganarnos el respeto de los demás y a obtener una actitud de respeto por nosotros mismos. ¿Cómo se ve eso exactamente? Veamos algunas formas muy sencillas pero relevantes en las que debemos asumir la responsabilidad en nuestra vida cotidiana.

- **Ser capaces de admitir que estamos equivocados y disculparnos.** Las personas se apresuran mucho más rápidas a dar respeto a alguien que admite que cometió un error, que se responsabilizará de sus acciones, que ofrecerá una disculpa y que comenzará a trabajar para hacer las cosas bien. (Y para que conste, un simple «perdón»

El juego de la culpa

no cuenta como disculpa.) Así que humíllate lo suficiente como para mirar a la persona a los ojos y decirle genuinamente: «Cometí un error. Lo siento. ¿Podrías, por favor, perdonarme?

- **Cumplir con nuestros compromisos.** Esta es una de las cosas más importantes que podemos hacer para forjar una vida respetable. No solo el respeto de otras personas, sino también el respeto por uno mismo. Si dices que vas a estar allí, preséntate en el lugar. Si dices que vas a hacerlo, hazlo. Sé una persona fiel, que respete su palabra y con quien se pueda contar.

- **Cuidar nuestro negocio.** La vida requiere de un mantenimiento constante. Es nuestro trabajo ser responsables de cuidarlo. Si recibes una factura y vence en treinta días, haz todo lo que esté a tu alcance para pagarla a tiempo, incluso si es el vigésimo noveno día. Cuida bien de tu casa, tu auto y las cosas con las que has sido bendecido. Cuando hayas gastado todo el dinero destinado para comer afuera, lleva tu comida al trabajo.

Asumir la responsabilidad, tanto en las pequeñas cosas como en las grandes, es esencial si queremos construir una vida saludable y exitosa. No siempre es divertido ni emocionante, pero la fidelidad nos posiciona para cosechar importantes beneficios y recompensas en las diferentes áreas de nuestra vida.

La responsabilidad nos arma con determinación

Cuando vivimos en una posición de culpa y siempre inventando excusas, nuestra determinación para seguir adelante se anula. Desvía el rumbo para hacer algo de nuestra vida, porque si siempre es culpa de los demás, nunca habrá nada que podamos hacer para mejorar la situación. Siempre estaremos esperando que alguien arregle nuestra vida por nosotros.

Está bien «no estar bien» o necesitar ayuda en diferentes etapas de la vida. Dios nos diseñó para que necesitáramos a otras personas, no para vivir solos. Por eso no podemos responsabilizar a otros por nuestra felicidad, nuestra alegría o nuestra salud. Es posible que lo hayas escuchado decir de esta manera: «No pongas la llave de tu felicidad en el bolsillo de otra persona». No es justo para ti, ni es justo para ellos.

Sé que a algunos nos han dejado recoger las piezas o llevar las cicatrices de las decisiones devastadoras tomadas por otra persona. Vives recordando a diario las consecuencias de sus acciones. Tal vez hasta llegues a decir: «Arruinaron mi vida». Mi corazón no puede minimizar el dolor que puedas haber experimentado a manos de otros. Pero no permitas que esas heridas e infracciones perjudiquen más tu futuro al permitirles producir una mentalidad de víctima en tu espíritu.

Por tu propio bien y por el de tu futuro, quiero animarte con esto: no importa lo difícil que pueda parecer, no permitas que la víctima se convierta en parte de tu identidad. Tanto Víctor como víctima tienen el mismo prefijo latino: *vic*, que significa «ganar, vencer».[6] La diferencia en las palabras está en quién realiza la conquista. Podemos dejar que nuestras circunstancias nos conquisten, o podemos decidir levantarnos y recordar que «en todo esto *somos más que vencedores* por medio de aquel que nos amó» (Romanos 8:37, énfasis añadido).

Maya Angelou nos brinda una colección de las lecciones más valiosas aprendidas en su vida en su libro *Carta a mi hija*. Entre ellas está este sabio recordatorio: «No puedes controlar todos los acontecimientos que te suceden, pero puedes decidir no ser reducido por ellos».[7] La mentalidad de víctima nos roba la ventaja.

Perdemos el deseo de levantarnos y sobresalir, dar en el blanco y ser todo lo que Dios quiere que seamos. Pero cuando aceptamos ser responsables de nuestra vida, hay una sensación de anhelo y motivación para levantarnos, ¡porque nos damos cuenta de que tenemos la oportunidad de cambiar nuestra existencia!

En su libro *Los 7 hábitos de las personas altamente efectivas*, el experto en liderazgo Stephen Covey decía: «Nuestro comportamiento es producto de nuestras decisiones, no de nuestras condiciones».[8] Estoy profundamente de acuerdo con eso. Las circunstancias no tienen el poder de controlar nuestra vida, a menos que se lo permitamos. ¡Podemos decidir cuál será el próximo capítulo de nuestra historia! La realidad es que hemos tenido la *oportunidad* de cambiar, pero tenemos que decidirnos. Eso no sucederá por sí solo.

La vida tiene un modo de absorber el viento de nuestras velas. Agotando nuestra determinación. Arrullándonos en un lugar donde es más fácil dejar de preocuparnos. Nos sentimos cansados del frenético ritmo de la vida cotidiana, desanimados por los reveses y abrumados por los problemas que afectan nuestra vida. Si no tenemos cuidado, la transigencia puede infiltrarse en nuestro corazón.

La transigencia y la culpa suelen ir de la mano. Cuando somos transigentes, el objetivo y la visión se desenfocan. Comenzamos a dejar nuestras responsabilidades a un lado. Empezamos a desviarnos del camino. Y, cuando eso sucede, es fácil comenzar a culpar a algo o a alguien por los resultados negativos. Cuando eso ocurre, estamos al borde de una pendiente resbaladiza.

La transigencia siempre optará por la conveniencia antes que el compromiso. Puede sentirse cómodo hoy, pero a fin de cuentas podría costarte el futuro.

· · · · · · · · · ·

¿Recuerdas a esos invitados de la historia que Jesús contó? Estamos en una situación similar. Dios nos ha extendido una invitación a ti y a mí. Es una invitación a una vida más grande que nosotros, unida a un propósito divino y configurada para un llamamiento significativo. La decisión depende de nosotros: ¿estamos retrocediendo o presionando?

Muchas veces, la culpa es un retroceso enraizado en el miedo. Tenemos miedo a enfrentar la verdad, a admitir nuestras propias deficiencias. Miedo al cambio o al dolor, temor que puede llevar al riesgo de avanzar hacia lo desconocido. Es más fácil recostarse y culpar a alguien o a algo de nuestros problemas que pasar por la incomodidad de tratar de resolverlos. Por tanto, de alguna manera sí, la culpa se siente segura, pero en realidad no lo es en absoluto. Elegimos la comodidad a expensas de nuestro destino.

La culpa es siempre una barrera para alcanzar lo mejor de Dios. No dejes que las excusas te roben tu futuro. Decídete a abrazar la responsabilidad. Deja que te arme con lo que necesitas para apoderarte de lo mejor de Dios para tu vida. El peso de la responsabilidad nos fortalece hoy para que seamos capaces de llevar la carga de nuestro destino mañana.

. . . .

Evalúa. Elimina. Elévate

Evalúa: ¿Hay áreas de tu vida que has estado viendo con una perspectiva basada en la culpa?

Elimina: Aunque algunas situaciones no estén bajo tu control, considera los aspectos de tu vida que están en tu poder para cambiar. ¿Hay excusas por las que te has quedado atrás?

Elévate: ¿Qué cambios necesitas hacer? Usa la siguiente declaración para que crees los pasos específicos para actuar.

- *Soy responsable de* _____
  (mi salud, mi actitud, mis hábitos, etc.).
- No apoyaré la excusa de_____
  nunca más.
- Optoporasumirlaresponsabilidad_____
  (pasos para actuar).

Capítulo 2

Adelante, con paso firme

La persona victoriosa no se da el
lujo de vivir por emociones.

Joyce Meyer

Creo que uno de los lugares en los que Dios efectúa la mayor parte del desarrollo del carácter es en el auto. No hay nada como que se enciendan todos los semáforos en rojo en un trayecto de ocho kilómetros cuando vas tarde a una reunión (o estar detrás de los conductores que insisten en andar lento en el carril rápido) para poner a prueba tu autocontrol. Recuerdo un incidente en particular cuando conducía hacia un centro comercial con mi hija, cuando era de unos cuatro años. De alguna manera hice que el tipo que conducía a mi lado se enojara realmente. Se acercó y me gritó desde su auto, obviamente enfurecido. En un instante, la indignación, la frustración y la ira me embargaron.

Quisiera decir que solo detuve mi automóvil y oré un momento por él o, al menos, que lo ignoré. Pero no fue así.

Le devolví el grito. Estaba muy enojado. ¿Cómo podía estar haciendo eso? Y a medida que continuamos manejando, el tipo siguió al lado de mi auto y seguimos gritándonos uno al otro.

Desde el asiento trasero, en medio de todo aquello, oí la vocecita de mi hija que preguntaba: «¿Qué está pasando? ¿Por qué está ese hombre enojado, papá? ¿Por qué te está gritando?» No, no fue mi momento de mayor orgullo, por decir algo.

A la mañana siguiente, me detuve en Starbucks camino a la oficina. Alcé la vista y no pude creerlo. El mismo hombre estaba parado allí en Starbucks. Nos vimos con una mirada que decía: ¿Te conozco de algún lado?

No creo que se haya acordado dónde me había visto, pero yo sí sabía exactamente quién era él. Así que me tomé mi café con leche lo más rápido que pude y salí de allí. Con lo alterado que fue nuestro intercambio el día anterior, no estaba muy ansioso por quedarme a ver si ataba cabos y me reconocía. Mientras corrí hacia mi automóvil, no pude evitar preguntarme qué habría pasado si ese hombre se hubiera acordado del hecho.

. . . .

Los británicos tienen una gran frase, «Adelante con paso firme», que a menudo se le dice a alguien que es cautivo de sus emociones. Es una referencia náutica, derivada de las instrucciones de un capitán a su timonel para «mantener el rumbo» o «mantenerse estable» frente a algún tipo de acontecimiento perturbador.

Esta frase, poco a poco, evolucionó y se abrió camino en el lenguaje cotidiano como una expresión para decirle a la gente que no se deje llevar por sus emociones actuando de modo insensato. Al otro lado del charco, en Inglaterra, podrían decir que significa: «No actúes precipitadamente». Traducción al inglés estadounidense: «Compruébalo antes de destruirte».

A veces, es tan fácil dejarnos llevar por nuestras emociones, incluso por cosas que no son un gran problema, como mi pequeño incidente al manejar. Lógicamente, sabía que un tipo enojado con el tráfico no era tan importante, pero de alguna manera eso no impidió que mis emociones tomaran el control en ese momento. Cuando las emociones nos quitan lo mejor, sacan lo peor de nosotros.

No es de extrañar que este término náutico —«Adelante con firme»—, empezara a utilizarse en referencia a nuestros sentimientos. Ellos pueden parecerse bastante al mar, capaces de ser tranquilos y serenos, impredecibles y tempestuosos, y todo lo demás.

Sin embargo, las aguas, tranquilas o violentas, no están destinadas a ser la fuerza determinante en la travesía del barco. Un navío abandonado por la fuerza del agua que le rodea se desviará de su curso o será alcanzado por las tormentas. Nunca alcanzará el destino previsto.

De la misma manera, Dios no diseñó nuestros sentimientos para trazar el rumbo de nuestro trayecto por la vida. No importa qué emociones nos estén presionando en nuestro viaje, el mejor curso de acción es a paso firme. Mantengamos nuestro rumbo, no vaciles y continuemos con paso firme mientras avanzamos.

· · · · · · · · · ·

Cuando nuestras emociones toman el control, su ritmo irregular parece deslizarse por cada pieza de nuestra vida. Pueden alterar nuestra estabilidad y hacer que nos dispersemos, puesto que las emociones nos dicen que hagamos lo que más nos satisfaga, no necesariamente lo que nos ayude a avanzar.

Proverbios 25:28 nos advierte sobre el peligro de dejar que los sentimientos nos controlen: «Como ciudad sin defensa [desprotegida] y sin murallas es quien no sabe dominarse».

Cualquier área de nuestra vida controlada por los sentimientos es propensa a perder el rumbo.

Cuando los sentimientos nos dominan, renunciamos al trabajo si se pone difícil. Empezamos a revisar cuando la relación se pone un poco difícil. Nos desalentamos fácilmente o evitamos los riesgos porque tememos fracasar. Dejamos todo para más tarde porque no «sentimos» que tenemos que hacerlo. Nos frustramos con rapidez y lo mostramos con palabras agudas y suspiros de enojo.

La realidad es que nuestros sentimientos manejarán las decisiones en cada área de nuestra vida si se lo permitimos, incluso aquellas áreas en las que no nos damos cuenta que son afectadas por nuestros sentimientos. *Tenemos ganas* de comernos una bolsa entera de Doritos... así que lo hacemos. *No tenemos ganas* de levantarnos antes para llegar a tiempo... así que no nos levantamos. Cuando realmente meditamos al respecto, muchas de las complicaciones, frustraciones y desafíos que nos retrasan se reducen a dejar que los sentimientos y las emociones controlen nuestras decisiones.

¿Qué son exactamente esas fuerzas intangibles, pero inexplicablemente poderosas, llamadas *emociones*? ¿Cómo pueden influir en nosotros tan fuertemente e incluso parecen iniciar una toma de poder hostil, incapacitando muchas veces nuestro sentido común? Y, además, ¿cómo manejamos nuestras emociones para que no nos manejen?

Para llegar a la respuesta, tenemos que cavar debajo de la superficie y echar un vistazo a lo que sucede internamente. No soy necesariamente una persona propensa a hacerlo todo mecánicamente, pero he descubierto que si queremos arreglar algo, ayuda tener una comprensión básica de cómo funciona.

Unas pequeñas cosas perturbadoras llamadas sentimientos

Los sentimientos son emociones asociadas a los pensamientos.[1] Tenemos pensamientos conscientes que reconocemos, aceptamos y a los que les ponemos palabras, aunque estas solo estén en nuestra mente. Pero también tenemos pensamientos subconscientes, pensamientos que no hemos formulado o procesado por completo en el contexto de las palabras. Esa es la razón por la cual, cuando escuchas algo hiriente, puedes responder emocionalmente antes de que alcances a encontrar alguna palabra; la ira puede surgir o las lágrimas pueden brotar al instante. El pensamiento está ahí, aun cuando las palabras no lleguen.

Si sentimos muchas emociones negativas, quiere decir que estamos teniendo muchos pensamientos negativos, ya sea consciente o inconscientemente. Las emociones nos ayudan dándonos información sobre lo que realmente estamos pensando. El problema es que lo que pensamos no siempre es verdad. Como dice Neil T. Anderson en su libro *Victoria sobre la oscuridad*: «Si lo que piensas no refleja la verdad, entonces lo que sientes no refleja la realidad».[2]

Por ejemplo, si creemos que nuestro valor se basa en la apariencia o los logros, comenzamos a sentirnos menos valiosos cuando no logramos cumplir con ese estándar defectuoso. Pero la verdad es que no importa lo que creamos, nuestro valor nunca aumenta ni disminuye según nuestros logros o nuestra apariencia. Nuestro verdadero valor se basa en una sola cosa: nuestra identidad como hijos o hijas de Dios. Es crucial que continuamente busquemos la verdad de Dios a través de su Palabra, la Biblia, y alineemos nuestros pensamientos con ella. De lo contrario, podemos comenzar a elaborar pensamientos basados en información inexacta.

Nuestros pensamientos y nuestras emociones están estrechamente entrelazados, e influyen en forma mutua en nuestro cuerpo de manera significativa. La Palabra de Dios nos ha dicho por miles de años lo profundo que es la conexión entre nuestra mente, nuestro cuerpo y nuestras emociones. «La paz en el corazón da salud al cuerpo; los celos son como cáncer en los huesos» (Proverbios 14:30).

¡La ciencia está llegando cada vez más a la misma conclusión! La doctora Candace Pert hizo contribuciones significativas a la neurociencia en su vida a través de sus primeros trabajos en la investigación del estrés y la conexión entre la mente, las emociones y el cuerpo. Ella dijo: «Cuando inicié mis investigaciones, de manera muy sutil supuse que las emociones estaban en la cabeza o el cerebro. Ahora diría que están realmente en el cuerpo».[3]

Lo que esto significa es que nuestras emociones no son solo sensaciones intangibles que experimentamos en nuestro «corazón» y en la «mente». De hecho, es todo lo contrario: experimentamos nuestras emociones en forma de reacciones químicas en el cerebro y en el cuerpo, desde órganos como el corazón, el estómago, etc., hasta cada una de nuestras células.[4]

Cuanto más estudia la comunidad científica la conexión entre la mente y el cuerpo, más se confirma la Palabra de Dios: lo que sentimos afecta emocionalmente el modo en que nos sentimos físicamente. Los investigadores han relacionado científicamente las emociones con la presión arterial alta, las enfermedades del sistema inmunológico y las enfermedades cardiovasculares. Los estudios muestran que las infecciones, las alergias y las enfermedades autoinmunes también están muy influenciadas por las emociones. Además, emociones como la depresión están relacionadas con un mayor riesgo de cáncer y enfermedades cardíacas.

Un estudio realizado durante diez años mostró que las personas que no podían controlar su estrés emocional tenían una tasa de mortalidad cuarenta por ciento más alta que las personas que no estaban estresadas. La Escuela de Medicina de Harvard estudió a más de 1,500 sobrevivientes de ataques cardíacos y descubrió que las personas que experimentaron enojo debido a conflictos emocionales tenían el doble de riesgo de ataques cardíacos subsiguientes en comparación con las que permanecían tranquilas.[5]

Los efectos de gran alcance de nuestras emociones (especialmente las negativas) son mucho mayores de lo que la mayoría de nosotros creemos. Pero Dios nos creó consciente del impacto tan poderoso que podrían tener en nuestra vida. Esta es la razón por la cual la Biblia está llena de discernimiento y sabiduría que nos dice cómo gestionar nuestro corazón, nuestra mente y nuestras emociones de una manera saludable.

La transferencia que lo cambia todo

A veces, el área emocional de nuestro ser puede sentirse muy compleja, tal vez incluso confusa o hasta abrumadora. 1 Tesalonicenses 5 tiene algunos versículos importantes que pueden ayudarnos a entender cómo hemos sido creados y cómo estamos conectados como personas. El versículo 23 dice: «Que el Dios de paz los haga santos en todos los aspectos, y que todo su espíritu, alma y cuerpo se mantenga sin culpa hasta que nuestro Señor Jesucristo vuelva».

En este versículo vemos que Dios nos creó como seres de tres partes. Cada parte juega un papel único y esencial en nuestra vida. Nuestro espíritu es la parte de nosotros que vive para siempre. Es la parte que es salva y se transforma en nueva cuando nos convertimos en cristianos. Nuestra alma es conformada por la mente, las emociones y la voluntad. Nuestro cuerpo obviamente es el ser físico que alberga al espíritu y al alma. Como somos un ser en tres partes, es importante que adoptemos un enfoque de persona completa: espíritu, alma y cuerpo, a medida que trabajamos en áreas de nuestra vida que necesitan libertad.

Cuando nos convertimos en cristianos, se lleva a cabo una transacción espiritual. Dios nos «libró del dominio de la oscuridad y nos trasladó al reino de su amado Hijo, en quien tenemos redención, el perdón de pecados» (Colosenses 1:13-14). Nuestro espíritu es libre de las consecuencias de nuestra separación de Dios por causa del pecado. No tenemos que vivir bajo la esclavitud del pecado ni de otras cosas poco saludables que solían dominar nuestra vida. Nuestra libertad ha sido pagada, por lo que espiritualmente hemos sido transferidos de nuestra antigua forma de vida.

Cuando tenía quince años, conseguí mi primer trabajo en un restaurante que acababa de abrir en Baton Rouge llamado Fuddruckers. Ocupé el puesto de ayudante de camarero, así que cuando la gente terminaba de comer, yo tenía que limpiar las mesas y prepararlas para el próximo cliente. Teníamos un gerente muy calmado que se llamaba Brian y todos nos limitábamos a quedarnos tranquilos cuando no había mesas por limpiar. Era un trabajo sosegado y de bajo estrés. Creo que lo hice bastante bien, porque después de un tiempo me transfirieron a la panadería que, de todos los departamentos, era un mundo diferente por completo.

En vez de recoger las mesas antes que los clientes se sentaran, ahora era responsable de preparar la comida que ingerían. En lugar de limpiar mesas, estaba mezclando lotes de pan y galletas. Para ser franco, todo aquello era bastante extraño para mí, un adolescente de apenas quince años. No tenía experiencia cocinando ni horneando. Me había familiarizado bastante con ser ayudante de camarero, pero eso no me ayudó mucho después de que me transfirieran. Estaba bajo un liderazgo diferente, con un nuevo rol y una nueva asignación. Tenía que aprender una forma completamente nueva de hacer las cosas para poder progresar.

El choque cultural

Lo mismo nos sucede a nosotros cuando nos convertimos en cristianos. Así como mi transferencia me puso en un nuevo departamento con un nuevo gerente, nosotros también estamos bajo un liderazgo diferente. Cuando entramos en el nuevo reino, también se necesita un cambio de paradigma. Tenemos un nuevo estándar de lo correcto y lo incorrecto, una nueva fuente de poder, una nueva motivación y unos nuevos objetivos. Nuestros sentimientos ya no nos gobiernan.

Esta es una de las mentalidades más importantes que tenemos que cambiar para poder prosperar en nuestra marcha cristiana. Algunas veces tratamos de llevar la vieja forma de hacer las cosas a nuestra nueva vida, porque aunque nuestro espíritu se renueva instantáneamente, nuestra alma no lo hace. Todavía tenemos la misma mente, las mismas emociones y la misma voluntad que teníamos antes de ser salvos. Ahí es donde aflora la desconexión para mucha gente. No podemos avanzar y generar impulso en nuestra nueva vida con las viejas costumbres. Dado que hemos sido transferidos, tenemos que desarrollar una forma completamente novedosa de enfocarnos en la vida.

Cuando mi esposa Leslie y yo éramos un matrimonio joven, servimos como misioneros en Nairobi, Kenia, durante tres años. Recuerdo cuánto ajuste requirió eso. Muchas cosas se sentían incómodas y antinaturales. Fue especialmente difícil acostumbrarnos a conducir autos. De acuerdo con todo lo que había experimentado en la vida hasta ese momento, todos en Kenia conducían por el lado «equivocado» de la carretera. El volante estaba en el lado «equivocado» del automóvil. No puedo decirte cuántas veces subí al vehículo para manejarlo y me di cuenta de que estaba en la puerta del pasajero.

Kenia era un reino diferente con una fuente distinta de autoridad con la que surgieron formas completamente nuevas de hacer las cosas. Por mucho que sentía que quería conducir al otro lado de la carretera porque me resultaba familiar, era más fácil, y se sentía más seguro; en realidad, hubiera sido un gran error. Piensa en todas las consecuencias: podría haber destrozado el automóvil, herido y creado todo tipo de problemas para mí (y para otros), costándome tiempo, dinero y frustración, sin mencionar que eso me habría impedido llegar a donde sea que estuviera tratando de ir.

Algunas veces, a pesar de que hemos sido transferidos al reino de Dios, volvemos a nuestras viejas formas de hacer las cosas, volviendo a cuando nuestros sentimientos nos dominaban y hacíamos lo que queríamos. Pero nuestras viejas formas simplemente no funcionan en el nuevo reino. Nos dejan insatisfechos, frustrados y estancados. Por tanto, tenemos que buscar algo diferente para guiar nuestras decisiones: la Palabra de Dios.

Cómo restaurar el alma

A pesar de que nuestro espíritu se renueva instantáneamente y se libera cuando nos convertimos en cristianos, con el alma la historia es completamente diferente. Necesita trabajo. *Un montón de trabajo.* El hecho de que nos convirtamos en cristianos no significa que nuestros patrones de pensamiento cambien al instante, que nuestro bagaje emocional simplemente desaparezca, o que nuestros malos hábitos dejen de existir por arte de magia.

Aquí es donde entra el proceso de santificación de nuestra alma. Recuerda lo que Pablo dijo en 1 Tesalonicenses 5:23: «Que Dios mismo, el Dios de paz, los santifique por completo, y conserve todo su ser —espíritu, alma y cuerpo— irreprochable para la venida de nuestro Señor Jesucristo». Cuando la Biblia habla de santificación, se refiere al proceso de llegar a ser más como Jesús. La palabra santificar también significa *«restaurar a su condición original para su propósito original»*.[6] Como la restauración de una máquina rota para restablecerla a un orden de funcionamiento correcto, la santificación es un proceso de «restauración» para nuestra alma.

Dios toma los componentes de nuestra alma —nuestro pensamiento, sentimiento y nuestra elección— y comienza a restaurarlos para que funcionen como se destinaron al principio. Observa que las Escrituras dicen «por completo». Esto habla del hecho de que la santificación es un proceso abarcador; que no ocurre de la noche a la mañana y que Dios no lo hará todo por sí mismo. Es paso por paso, poco a poco, a medida que abrimos nuestra vida al trabajo del Espíritu Santo y elegimos alinearla con las instrucciones que se encuentran en la Palabra de Dios.

Cómo hallar la libertad

Hay mucho que decir sobre el tema de cómo tener emociones saludables, dirigidas por el Espíritu, pero centrémonos en tres afirmaciones fundamentales para comprender mejor el papel que desempeñan las emociones en nuestra vida y formarnos para tener éxito en el camino a vencer nuestra «basura» y seguir adelante.

Primera declaración:
La libertad y la victoria coherentes no son posibles a menos que aprendamos a vivir más allá de nuestros sentimientos.

La verdad es que algunas personas se pasan la vida sin vivir más allá de lo que sienten. Dios nos dio las emociones para ayudarnos a experimentar la vida, pero nunca tuvo la intención de que estas tuvieran el control de la misma. Puede que no estemos atrapados en un profundo y oscuro pecado, pero si somos esclavos de nuestros sentimientos, no somos verdaderamente libres. Como dice Dallas Willard en su libro *Renovation of the Heart*: «Los sentimientos son, con algunas excepciones, buenos sirvientes. Pero son maestros desastrosos».[7]

Me atrevería a decir que el cincuenta por ciento, tal vez incluso el setenta y cinco por ciento, de los problemas que la mayoría de la gente está enfrentando es resultado de dejar que sus sentimientos dominen sus vidas. Los sentimientos son el mayor obstáculo de las personas para alcanzar su potencial. Mucha gente tiene potencial para lograr el éxito: ideas, habilidades y oportunidades. Por lo general, aquellos que realmente triunfan son los que deciden elevarse por encima de sus sentimientos y hacer coherentemente lo que se requiere a pesar de cómo se sientan. Esto se aplica prácticamente en todas las áreas de nuestra vida: espiritual, relaciones, profesional, física y mucho más.

Demasiadas personas nunca avanzan en la vida porque no pueden tomar decisiones ajenas a cómo se sienten. Solo hacen lo que les provoca. Los sentimientos nunca producirán un mapa de ruta preciso para el destino de Dios con nuestra vida. No podemos confiar en ellos como fuente de dirección. Lo mejor que Dios ha creado en nosotros, y para nosotros, será descubierto y atraído a medida que elijamos vivir de acuerdo con la Palabra de Dios, no con nuestros sentimientos.

Un conflicto de intereses

¿Cómo detenemos el ciclo de dejar que nuestras emociones controlen nuestras decisiones? Un buen punto para comenzar es enfocarnos en el modo de responder. Es posible que no podamos controlar las emociones que sentimos, pero podemos controlar cómo respondemos a ellas. De hecho, debemos hacerlo. Es nuestra responsabilidad y de nadie más. Al calor de la emoción, da un paso atrás y recuerda, *soy responsable de mi respuesta.*

Responder a nuestras emociones de una manera saludable y que honre a Dios es el punto de partida para crear un cambio. La manera de responder a nuestras emociones, ya sean negativas o positivas, desatará una reacción en cadena que determinará la dirección de nuestros pensamientos. Los pensamientos influyen en nuestras decisiones y estas dan forma a nuestro futuro.

Cuando elegimos una respuesta saludable a nuestras emociones, nos estamos preparando para cosas buenas en nuestro futuro. Pero seamos francos: aunque queramos hacer lo correcto, a veces es muy difícil. Como dijo Jesús en Mateo 26:41: «El espíritu está dispuesto, pero el cuerpo es débil». Esta es una lucha con la que todos estamos familiarizados.

Tenemos el espíritu, del que acabamos de hablar, pero también tenemos «la carne», la vieja naturaleza pecaminosa. Cuando nos convertimos en cristianos, el Espíritu Santo viene a vivir dentro de nosotros, pero la vieja naturaleza pecaminosa con la que nacimos no desaparece ni cambia instantáneamente. Como resultado, el espíritu y la carne están en constante conflicto entre sí.

A veces, controlar la carne (especialmente nuestros sentimientos) puede parecer una batalla perdida. Pablo escribió en Romanos 7:15: «*No entiendo lo que me pasa, pues no hago lo que quiero, sino lo que aborrezco*». ¿Te identificas? Yo sí.

¿Cómo podemos deshacer la conquista hostil de la carne y comenzar a tomar buenas decisiones, aun cuando no tengamos ganas? Pablo nos da la respuesta:

No se engañen: de Dios nadie se burla. Cada uno cosecha lo que siembra. El que siembra para agradar a su naturaleza pecaminosa, de esa misma naturaleza cosechará destrucción; el que siembra para agradar al Espíritu, del Espíritu cosechará vida eterna (Gálatas 6:7-8).

Segunda declaración:
Alimenta el espíritu. Deja morir de hambre a la carne.

Este es el punto de inflexión en nuestra batalla contra la carne. Todo lo que alimentamos crece y todo lo que pasa hambre se debilita. No sé ustedes, pero cada vez que trato de mejorar mis hábitos alimenticios y dejar de ingerir ciertos alimentos (*como los batidos de* Chick-fil-A), empiezo a desearlos, aunque no lo haya considerado en meses.

A veces, sin saberlo, estamos empoderando a la carne pensando constantemente en ello. En vez de esforzarnos por controlar la carne, debemos concentrarnos en *fortalecer el espíritu.*

Tal vez estés tratando de dejar de ser negativo con tus palabras. En lugar de tener más autocontrol para evitar que tus palabras negativas salgan de tus labios, concéntrate en elegir cosas positivas que decir y en llenar tu mente y tu espíritu con cosas que promuevan la fe y el optimismo. ¿Estás luchando con una sensación de desesperanza? Échale un vistazo a la música que escuchas, las películas que ves, los libros que lees. Comienza a enfocarte en cosas que alimenten la esperanza.

No nutras lo que estás tratando de vencer. Debilita el control de la carne en tu vida privándola de las cosas que la fortalecen.

· · · · · · · · · ·

Todos los días, tienes veinticuatro horas. Dentro de ese período, tomarás muchas decisiones: cómo pasar el tiempo, cómo gastar tu dinero, qué hablar, a quién eliges escuchar, qué actitudes cultivarás y qué pensamientos considerarás.

Imagínate dos cuentas bancarias: una para nuestra carne y otra para nuestro espíritu. Si permitimos que nuestros sentimientos gobiernen, haremos depósitos en nuestra carne. Esos depósitos le dan fuerza. Esto es a lo que Pablo se refiere cuando habla de sembrar para complacer a la carne en Gálatas 6:8. Así es como podría verse en la vida cotidiana:

> *No tengo ganas de ir a trabajar hoy, así que voy a llamar*
> *y decir que estoy enfermo...*
> *No tengo ganas de tratar con personas hoy, así que solo les*
> *voy a dar una idea...*
> *Hoy no me siento con deseos de ir a la iglesia, así que*
> *dormiré e iré luego a un restaurant...*
> *No tengo ganas de hacer ejercicio hoy, así que me quedaré*
> *sentado aquí y miraré la televisión...*
> *No tengo ganas de hablar de eso, así que esperaré una*
> *ocasión mejor...*

Cuando sembramos en la carne, nuestras conversaciones internas y las decisiones a las que llevan giran en torno a lo que sentimos que queremos hacer. Sembrar para la carne puede parecer intrascendente en el momento, pero puede sabotear y hasta arruinar nuestro éxito si se vuelve un hábito.

¿Qué podría dañarse o incluso perderse si sembramos repetidamente en la carne?

- Las buenas relaciones con el cónyuge, los hijos, los amigos, los jefes o los colegas
- El éxito en el trabajo
- Las oportunidades
- La reputación
- La seguridad financiera o las posesiones materiales

- Las emociones positivas como la esperanza, la alegría y la paz
- La claridad mental y la creatividad
- El deseo de seguir viviendo y de avanzar en la vida
- La salud: física, mental y espiritual.

Tal vez la mayor pérdida que acarrea vivir según nuestros sentimientos sea no invertir en nuestro crecimiento espiritual. Cuando las tormentas de la vida azotan, estamos espiritualmente en bancarrota. No hemos construido la fortaleza espiritual que necesitamos en el interior para capear las tormentas. Entonces corremos hacia Dios con la necesidad desesperada de un milagro.

No me malinterpretes: A Dios le gusta ayudarnos y siempre debemos recurrir a Él en los tiempos difíciles. Pero no nos ha diseñado para que vivamos de crisis en crisis; nuestra negligencia espiritual crea la constante necesidad de la intervención divina para arreglar los líos que hemos creado. Al contrario, quiere que constantemente fortalezcamos nuestro espíritu a fin de que estemos listos para navegar en las tormentas de la vida. Tal vez no sea una crisis; quizás algún día acabemos de levantarnos y nos demos cuenta de que no estamos donde queremos... que hay más en la vida de lo que hemos hecho de ella.

Sembrar para la carne nunca producirá lo que necesitamos para cumplir el propósito de Dios con nuestra vida. La realidad es que las semillas sembradas en la carne solo pueden producir resultados negativos. El verdadero propósito, éxito y cumplimiento que Dios quiere que experimentemos solo se puede producir sembrando con coherencia para el espíritu.

En su libro *El éxito a la manera de Dios,* el doctor Charles Stanley afirma: «Las cosas que siembras en el Espíritu producen vida y tienen potencial para obtener recompensa eterna... Cuanto más siembras para el Espíritu, mayor es la cosecha de las cosas que resultan en tu capacidad para alcanzar las metas que Dios te ha ayudado a establecer».[8] Sembrar para el espíritu no siempre es fácil. Pero no fuimos diseñados para prosperar en una vida que es fácil; fuimos hechos para prosperar en una vida que es significativa.

Dios está mucho más interesado en ayudarnos a alcanzar su definición de éxito que la nuestra. ¿Por qué? Porque el «éxito» en nuestros términos nos dejará, en definitiva, insatisfechos y descontentos. Lograr el camino de Dios siempre es la mejor manera.

¿Se requiere disciplina para sembrar en el espíritu más que en la carne? Claro que sí. Pero medita en los beneficios que puede traer: paz, esperanza, fortaleza, sabiduría, buenas relaciones, favor, un cuerpo sano, una mente sana, un espíritu fuerte lleno de fe y mucho más. Si observamos la lista, ¿quién cosecha el beneficio de las semillas sembradas en el espíritu? Nosotros.

Es hora de cambiar nuestras conversaciones internas para que se oigan como lo que sigue a continuación:

No tengo ganas de ir a trabajar hoy, PERO es lo correcto, así que lo estoy haciendo...

No tengo ganas de ser amable hoy, PERO voy a ser paciente, usar palabras amables y mostrar una actitud excelente...

No tengo ganas de ir a la iglesia hoy, PERO no voy a dejar que mi carne me impida alimentar mi alma y mi espíritu...

No tengo ganas de hacer ejercicio hoy, PERO sé que me ayuda a estar saludable, así que aquí voy...

No tengo ganas de hablar de eso porque es un tema incómodo, PERO necesitamos resolver algunas cosas...

No tengo ganas... ¡PERO LO HAGO DE TODAS FORMAS!

Nuestras inversiones se manifiestan cuando se produce una crisis. No podemos cosechar donde no hemos sembrado. Pero por la misma razón, siempre cosecharemos lo que hemos sembrado. Cuando hemos hecho un estilo de vida que siembra en el espíritu, las tormentas de la vida pueden sacudirnos un poco pero no nos destruirán. Morir de hambre en la carne y alimentar el espíritu nos posiciona para prosperar en la vida y vencer sus desafíos, en lugar de que estos nos golpeen a nosotros.

Tercera declaración:
Siembra donde quieres ir

Si no nos contentamos con lo que estamos cosechando, es hora de echar un vistazo a las semillas que sembramos. El agricultor sabe que su cosecha es un reflejo directo de lo que se plantó en una temporada anterior. Él decide qué plantar según lo que quiera cosechar. Necesitamos abordar la vida de la misma manera. Las decisiones que hacemos hoy son como semillas sembradas en nuestro futuro. A medida que las tomamos debemos recordar esto: lo que dejamos salir determina lo que recibimos. No obtendremos manzanas con semillas de diente de león. Y, de la misma manera, las palabras airadas no producen paz. Las actitudes negativas no promueven un ambiente amoroso. El resentimiento no fomenta la armonía en las relaciones.

Cuando se trata de avanzar, primero debemos tener una visión para un futuro mejor. Usamos la imagen del escenario en que queremos estar en el corazón, en la mente y luego nos preguntamos: ¿Qué opciones tengo que tomar hoy para llegar allí?

No permitas que tus experiencias pasadas o las situaciones presentes determinen las decisiones que tomes con tu futuro. Si quieres paz en tu matrimonio, comienza a invertir y a tomar decisiones para llegar allí. Si te has caracterizado por un temperamento volátil y por usar palabras airadas, más de lo mismo no te llevará a un lugar de paz. No esperes a que la otra persona «actúe igual que tú» o «crea que se lo merezca». Simplemente empieza a sembrar lo que te gustaría recibir.

Si queremos avanzar, no podemos tomar decisiones en función de dónde han estado las cosas, eso se llama «sembrar en nuestro pasado». No podemos sembrar de acuerdo con el lugar donde estamos ahora, eso es «sembrar a partir de nuestro presente». Miremos el futuro que queremos y «sembremos en nuestro futuro». A veces debemos hacer una pausa y preguntarnos: ¿Están las decisiones que estoy tomando hoy alineadas con el lugar donde quiero estar mañana?

La gran noticia es que, donde sea que estemos, podemos comenzar a sembrar buenas semillas en este momento. Podríamos haber escuchado el proverbio chino que dice: «El mejor momento para plantar un árbol fue hace veinte años. El segundo mejor momento es ahora». No podemos retroceder y «deshacer» las malas decisiones y las semillas negativas que sembramos en el pasado, pero podemos dejar de sembrarlas y comenzar ahora a plantar las buenas.

Identifica el «por qué» que yace tras el «qué»

Nuestra personalidad, la familia con la que crecimos, nuestras experiencias, las decisiones que tomamos, las creencias que tenemos y las perspectivas que elegimos (cómo nos vemos a nosotros mismos, a Dios, al mundo, etc.) pueden influir en el modo en que lidiamos con nuestras emociones. Ya sea que nos demos cuenta o no, nuestro pasado puede tener un efecto muy poderoso en nuestro presente.

Considera al ejecutivo exitoso que está tan motivado por tener éxito que descuida a su esposa e hijos. El tiempo que pasa con ellos es tenso y se agrava con facilidad. A pesar de sus mejores intenciones, una y otra vez, disemina palabras airadas. Se dice a sí mismo que sus intensos esfuerzos por triunfar son para darle a su familia una vida mejor, pero en el fondo aún puede oír las palabras de su padre resonando en sus oídos: «*Nunca llegarás a nada*». Un temor profundo al fracaso impulsa tu vida. O considera a la joven que es tan emocionalmente frágil que se desmorona ante la más mínima crítica. Una larga historia de relaciones profundamente perniciosas le ha hecho sentir que nunca estará a la altura. Ella vive bajo la falsa creencia de que debe ser perfecta para merecer amor. Esa creencia sesgada la pone en constante búsqueda de aprobación, anhelando desesperadamente evitar el aguijón del rechazo.

Cuando cualquier tipo de quebrantamiento en nuestra alma o espíritu no se trata debidamente, es inevitable que produzca algún tipo de dolor o disfunción en nuestro ser. El error que muchas personas cometen es tratar de modificar el comportamiento disfuncional sin trabajar con la causa interior. Algunos de nuestros problemas emocionales son simplemente malos hábitos que hemos formado a lo largo de los años y que necesitamos trabajar para cambiarlos, pero otros desafíos emocionales son una indicación de algo más profundo que debe abordarse. Las heridas emocionales de nuestras experiencias pasadas o traumáticas pueden afectarnos de manera significativa.

Si siempre estamos lidiando con una respuesta o hábito emocional enfermizo, tenemos que preguntarnos: ¿Hay algún problema más profundo que me haga comportar de esta manera? ¿Hay algún *asunto no resuelto o malos pensamientos que deba abordar?* Si hay heridas emocionales que no se han resuelto, en cualquier volveremos a ese comportamiento disfuncional (o lo reemplazaremos por otro). El clamor por sanar el alma se manifestará de diversas maneras hasta que la herida se cure. La modificación del comportamiento nos llevará solo hasta un punto. Lo que realmente necesitamos es la transformación del corazón.

Avanza hacia el amor

A menudo, los patrones emocionales no saludables son una respuesta a un incidente doloroso. Los formamos como un mecanismo de defensa para evitar que sintamos más dolor. Esos comportamientos, grandes o pequeños, se arraigan en el miedo. Evitamos relaciones profundas y significativas porque tememos el rechazo. Nos esforzamos por ser perfectos para no tener que sentir la desilusión de decepcionar a los demás. Ni siquiera tratamos de alcanzar el éxito porque conocemos el dolor de los errores pasados. Permitir que el miedo cree barreras en nuestra existencia puede parecer una forma más segura de vivir, pero al final el temor solo produce efectos más dolorosos y negativos.

La gran noticia es que el cambio y la sanidad son posibles. La renombrada psiquiatra Elisabeth Kübler-Ross, estudió a muchas personas que casi al final de sus vidas se arrepintieron porque se dieron cuenta de que las cosas podrían haber sido diferentes, pero el miedo los detuvo. Veamos una observación interesante que ella formula: «*Para trascender al miedo... debemos movernos a otro lugar emocionalmente; debemos avanzar hacia el amor*».[9] Todas las emociones que sentimos provienen de las dos principales, que son el amor y el miedo. Kübler-Ross continúa y manifiesta esta declaración poderosa: «*No podemos sentir estas dos emociones juntas, exactamente al mismo tiempo. Son opuestas por naturaleza. Si tenemos miedo, no estamos en un lugar amoroso. Cuando estamos en un lugar amoroso, no podemos estar en uno de miedo*».[10]

Esto es exactamente lo que *nos dice 1 Juan* 4:17-18: «*En el amor no hay temor,* [18] *sino que el amor perfecto echa fuera el temor. El que teme espera el castigo, así que no ha sido perfeccionado en el amor*». Tal vez creciste en un ambiente hostil que te ha hecho evitar las críticas a toda costa. Quizás hubo una falta de afecto o aprobación en tu pasado que te ha dejado buscando constantemente aceptación. Tal vez el rechazo o el abuso de una persona importante en tu círculo haya hecho que sea difícil confiar en las personas o formar relaciones cercanas.

Si tienes algunos trastornos o patrones emocionales poco saludables, te animo a que dediques un tiempo a examinar tu corazón para que detectes cualquier herida no resuelta o pensamiento malsano que te influencien. Disponte a escudriñar lo más profundo de tu ser. Pídele a Dios que te revele cuánto temor puede estar oculto en los rincones rotos y olvidados de tu corazón. Luego déjalo entrar, aunque creas que el dolor es más profundo de lo que imaginaste.

Dejar que Dios entre en esos lugares destrozados, te permite entrar en contacto con su amor, su perfecto amor, que sana, restaura y libera. Para avanzar, debemos enfrentar el dolor del pasado (o del presente). El temor siempre producirá y perpetuará el dolor, pero el amor perfecto de Dios puede ayudarnos a salir del dolor y encontrar la verdadera libertad y sanidad.

No puedes cambiar el pasado, pero puedes construir un futuro saludable. Si el progreso parece lento, no te desanimes. Siembra buenas semillas en cada estación. Ser controlado por nuestras emociones puede manifestarse de muchas maneras. Algunas interrupciones emocionales requieren autodisciplina y ajustes prácticos de un estilo de vida diferente; otros pueden requerir que se aborden problemas subyacentes más serios o que se obtenga ayuda profesional. Dondequiera que te encuentres en el camino, no te rindas. Mantén el paso firme y sigue adelante.

Evalúa. Elimina. Elévate

Evalúa: ¿Hay áreas de tu vida controladas por tus sentimientos?

Elimina: ¿Cuáles son algunos cambios que podrías hacer para «matar de hambre a la carne»?

Elévate: ¿Cuáles son algunas cosas prácticas que podrías hacer para «sembrar en el espíritu» y ayudarte a avanzar?

Capítulo 3

Cómo vencer la preocupación

La ansiedad es un hábito muy caro.

Max Lucado

Leslie y yo tenemos una amiga que fue azafata durante muchos años. Tiempo después de haber cambiado de carrera, comenzó a tener un dolor severo en la espalda y el hombro. Era tan intenso que le estaba afectando su capacidad para hacer cosas cotidianas. Cuando fue a un chequeo médico, le hicieron las preguntas de rutina. ¿Hizo usted algún trabajo pesado? ¿Ha tenido alguna herida? ¿Carga cosas pesadas de ese lado por largos períodos de tiempo y frecuentemente?

Al principio se sintió desconcertada. No podía pensar en nada que le hubiera causado ese dolor. Necesitó un poco de tiempo para conectar las ideas, pero finalmente se dio cuenta de que su dolor estaba en el mismo brazo que siempre había usado para sacar su maleta en los aeropuertos durante sus más de diecisiete años como azafata.

Mientras halaba el peso de su maleta tras ella, inconscientemente estaba perjudicando su espalda y su hombro. El problema no era tanto el peso de la pequeña maleta sino más bien cómo hacía ese movimiento. Estaba poniendo demasiado estrés en ciertos músculos y huesos. Estos habían soportado, por años, el peso de una carga para la que no estaban diseñados hasta que al fin eso cobró su precio.

¿No se parece eso un poco a lo que ocurre con algunos de nosotros, que pasamos la vida arrastrando nuestras preocupaciones a dondequiera que vamos? Proverbios 12:25 nos dice: «La angustia [pesa en]… el corazón del hombre». Cuando nos preocupamos, ponemos un estrés innecesario en nuestra mente, nuestro corazón y nuestro cuerpo.

Tal vez hayas escuchado el viejo dicho: «No es la carga lo que desalienta; es cómo la llevas». Es cierto. No podemos dejar de enfrentar situaciones que surgen en nuestro camino, al igual que nuestra amiga no podía evitar acarrear su maleta en el aeropuerto por su trabajo. Sin embargo, podemos evitar el dolor adicional y los problemas que surgen al preocuparnos por ellos. La preocupación es un peso que nunca tuvimos la intención de soportar.

Pero, ¿qué hacemos con los desafíos que la vida inevitablemente traerá a nuestro camino? ¿Cómo encontramos paz cuando los recursos a nuestra disposición no concuerdan con las necesidades físicas, emocionales y financieras que tenemos ante nosotros? ¿Qué hacemos cuando nos enfrentamos a un problema sobre el que no tenemos control? ¿Una decisión que yace en las manos de otra persona? ¿Un hijo en la universidad, fuera de nuestro cuidado e influencia? ¿Un ser querido que lucha contra una enfermedad potencialmente mortal? *¿Cómo seguimos avanzando cuando el peso de la preocupación nos paraliza?*

Cuando la ansiedad amenaza con paralizar nuestra vida, el Salmo 55:22 nos recuerda: «*Encomienda al Señor tus afanes, y él te sostendrá*».

La era de la ansiedad

A dondequiera que dirigimos la mirada, nos enfrentamos con situaciones que podrían ser motivo de preocupación. La guerra contra el terrorismo continúa y solo parece intensificarse. Las personas inocentes son víctimas de actos trágicos, violentos y sin sentido. Los desastres naturales causan estragos en decenas y decenas de miles. Hay un montón de «cosas importantes» por las cuales preocuparse en el mundo en que vivimos. Pero los estudios muestran que nuestra preocupación y ansiedad no se limitan solo a las cosas importantes: ¡todos los días encontramos pequeñas cosas que nos preocupan! La preocupación es un gran problema y lo he predicado muchas veces a lo largo de los años. Lo que he descubierto en mi investigación, es que hablar en público se posiciona como el miedo número uno de la gente. La muerte es el número dos. ¡La mayoría de las personas preferiría estar en el ataúd que en un escenario frente a muchos siendo aclamado!

En 1965, Billy Graham, uno de los más grandes líderes de la fe cristiana, escribió: «Los historiadores probablemente llamarán a nuestra época "la era de la ansiedad". La ansiedad es el resultado natural cuando nuestras esperanzas se centran en algo que está por debajo de la voluntad de Dios para con nosotros».[1] Más de cincuenta años después, esas palabras cobran más vida que nunca.

Jesús sabía que la preocupación sería un problema con el que lucharíamos, por lo que se tomó el tiempo para abordarlo. En su famoso Sermón del Monte, Jesús cubre algunos de los grandes

AVANZA

temas de la vida, por lo que no es de extrañar que la preocupación sea uno de ellos.

Por eso les digo: No se preocupen por su vida, qué comerán o beberán; ni por su cuerpo, cómo se vestirán. ¿No tiene la vida más valor que la comida, y el cuerpo más que la ropa? Fíjense en las aves del cielo: no siembran ni cosechan ni almacenan en graneros; sin embargo, el Padre celestial las alimenta. ¿No valen ustedes mucho más que ellas? ¿Quién de ustedes, por mucho que se preocupe, puede añadir una sola hora al curso de su vida? ¿Y por qué se preocupan por la ropa? Observen cómo crecen los lirios del campo. No trabajan ni hilan; sin embargo, les digo que ni siquiera Salomón, con todo su esplendor, se vestía como uno de ellos. Si así viste Dios a la hierba que hoy está en el campo y mañana es arrojada al horno, ¿no hará mucho más por ustedes, gente de poca fe? Así que no se preocupen diciendo: «¿Qué comeremos?» o «¿Qué beberemos?» o «¿Con qué nos vestiremos?» Los paganos andan tras todas estas cosas, pero el Padre celestial sabe que ustedes las necesitan. Más bien, busquen primeramente el reino de Dios y su justicia, y todas estas cosas les serán añadidas. Por lo tanto, no se angustien por el mañana, el cual tendrá sus propios afanes. Cada día tiene ya sus problemas (Mateo 6:25-34).

En su sabiduría y su amor por nosotros, Jesús desafía nuestra propensión natural a la preocupación. Esta palabra *vida* que Jesús usa en este pasaje, en el griego original es el vocablo *zoe*, que significa, al pie de la letra, «el cumplimiento de la vida». Jesús no está hablando del estado fisiológico de estar vivo y con aliento en nuestros pulmones y tener un corazón latiendo en nuestro pecho. Se está refiriendo a la satisfacción de la vida, al entusiasmo de la vida, a la verdadera esencia de la vida auténtica. Cuando experimentamos algo que resuena profundamente en nosotros o que despierta un poderoso mover en el núcleo de nuestro ser, podemos decir que nos hace «revivir». *Este* es el tipo de vida del que Jesús estaba hablando.

Jesús estaba diciendo: «La vida real —la plenitud de la vida, la pasión de la vida— no se encuentra en las cosas terrenales». Las cosas que comemos, bebemos o vestimos nunca pueden producir una verdadera satisfacción o hacernos vivir plenamente, solo Cristo puede hacer eso.

¿Qué tiene de malo la preocupación?

Muchos de nosotros estamos muy acostumbrados a preocuparnos, es una segunda naturaleza. Algunas personas dirían: «Es justo lo que hago. ¿Es realmente un gran problema?» ¡La respuesta es sí! Y veamos a continuación el por qué.

La preocupación pone nuestro enfoque en el lugar equivocado.

En el Sermón del Monte, Jesús estaba tratando de hacer que retrocediéramos y adoptáramos una perspectiva más amplia. La preocupación distorsiona nuestra perspectiva y tuerce nuestro pensamiento. Cuando consideramos la vida a través del filtro de la preocupación, tendemos a especializarnos en darles a las cosas mayores menos importancia y a resaltar las nimiedades. Comenzamos a obsesionarnos con cosas que normalmente no nos molestan. Nos frustramos y agravamos por pequeñeces. Al preocuparnos, empezamos a hacer nuestros problemas más grandes y a Dios más pequeño.

Dios tiene un gran plan para nuestra vida, pero es difícil verlo cuando enfocamos la vida a través del lente de la preocupación. Es como tratar de usar un microscopio para observar las estrellas. Las estrellas están ahí, pero no las podemos ver porque estamos mirando a través del lente equivocado.

La preocupación ahoga el fruto de Dios en nosotros

El término preocupación tiene su origen en una antigua palabra que significa «*asfixiar o estrangular*».[2] Es la imagen de un animal atacando a su presa. Al atacar, se dirige a la garganta para estrangular a su víctima. Eso es exactamente lo que hace la preocupación con nosotros también.

Siete capítulos después de que Jesús aborda la preocupación en el Sermón del Monte, relata la parábola del sembrador. Es la historia de un agricultor que siembra sus semillas, las que caen en cuatro tipos de terreno. La semilla representa la Palabra de Dios y los tipos de terreno representan los corazones de las personas que reciben la Palabra.

Un grupo de personas es el de aquellas que recibieron la semilla en un terreno espinoso. Mateo 13:22 nos dice que el terreno espinoso representa a alguien que escucha la Palabra, pero las preocupaciones de la vida la ahogan y le impiden producir cualquier fruto. Lo que es interesante es que ese grupo de personas, aquellos agobiados por las preocupaciones de la vida, no se apartaron de Dios. Siguieron sirviéndole. Fue solo que la Palabra de Dios no tuvo ningún efecto en sus vidas. Su poder fue estrangulado por sus preocupaciones y ansiedades. Cuando pensamos en ello de esa manera, nos damos cuenta de que la preocupación es casi lo peor que podemos hacer cuando algo nos inquieta, puesto que nos separa de lo que más necesitamos: el poder de la Palabra de Dios.

Esta idea de preocupación que nos ahoga la vida no es solo metafórica, también puede ser bastante literal. Cuando nos preocupamos o sentimos pánico, puede parecer que un peso gigante está sentado sobre nuestro pecho, extrayendo el aliento de nuestros pulmones.

Los médicos han estado de acuerdo durante mucho tiempo en cuanto a los efectos peligrosos que la preocupación y la ansiedad pueden tener sobre la salud física y mental. Por ejemplo, un estudio de veinte años realizado por la Escuela de Salud Pública de Harvard encontró que los hombres que se preocupaban corrían un riesgo significativamente mayor de padecer una enfermedad cardíaca coronaria.[3]

Cuando nos preocupamos, provocamos que los químicos del estrés inunden nuestro cuerpo. Nuestro organismo está diseñado para manejarlos en ráfagas cortas, ya que nos permiten lidiar con situaciones estresantes, pero nunca tuvimos la intención de tener un flujo constante de ellos. Cuando eso sucede, los procesos químicos de nuestro cuerpo se interrumpen y nuestro organismo puede comenzar a funcionar mal.

Estas son solo algunas de las afecciones relacionadas con la preocupación y la ansiedad crónicas: enfermedades cardiovasculares, dolores de cabeza, úlceras, hipertensión (presión arterial alta), síndrome del intestino irritable, colitis y enfermedad de *Crohn*; trastornos de la piel como psoriasis, eczema y acné estresante, además de una disminución de la respuesta inmune, que puede conducir a enfermedades aún más graves.[4] Por desdicha, muchas personas incursas en preocupaciones ni siquiera se dan cuenta del impacto que ello tiene en su cuerpo y su mente.

Los estudios muestran que entre el setenta y cinco por ciento y el noventa por ciento de todas las visitas a los médicos de atención primaria son relacionadas con el estrés,[5] y que las personas gastan anualmente más de ochocientos millones de dólares en medicamentos antiansiedad.[6] Las vidas de miles de personas están paralizadas, o incluso en retroceso, debido a los efectos de la preocupación.

Para algunos, la preocupación es solo un mal hábito, un problema relativamente pequeño. Pero hay otros cuyas vidas están siendo destruidas lentamente por el sofocante peso de la preocupación. En casos extremos, los patrones mentales perpetuos impulsados por la preocupación pueden en cualquier momento producir una enfermedad mental.

Cuando pensamos en eso, vemos que la preocupación se trata de posibilidades, pero también se trata de fe. Todos los días podemos elegir cómo veremos nuestro futuro. La preocupación opta por verlo a través del lente del miedo. Necesitamos voltear nuestro lente y optar por ver nuestro futuro con el lente de la fe más que con el del miedo.

La preocupación puede distraernos y hacernos dudar del gran plan de Dios para nuestra vida

Una de mis posesiones más preciadas es un libro que mi suegro me regaló hace muchos años. Es una pequeña y sorprendente obra de Dale Carnegie titulada *Cómo dejar de preocuparse y empezar a vivir*, publicado originalmente en 1944. A pesar del tiempo, sigue siendo muy bueno porque aborda la preocupación con una verdad palpable que es a la vez poderosa y útil. Para mí es importante no solo por su sabiduría sino también porque mi suegro ha sido un mentor y un modelo a seguir de muchas maneras en mi vida.

Una de mis historias favoritas es sobre un empresario cuya vida estuvo a punto de ser destruida por la preocupación y la ansiedad. Pasaba una temporada difícil de la vida, había cerrado recientemente su bufete de abogados privado y se había encargado de vender libros de referencia para jurisconsultos. A pesar de que estaba completamente entrenado para el trabajo, muy bien preparado para sostener reuniones con los clientes y contaba con una importante experiencia en derecho, tenía problemas para concretar las ventas. No importaba cuán duro trabajara, no podía ganar lo suficiente para pagar sus obligaciones. Su ansiedad aumentó cuando el gerente lo amenazó con despedirlo y su esposa le pidió dinero para comprar comida para la familia.

En un viaje de negocios en particular, se sintió especialmente desesperado. Las llamadas que hacía en procura de ventas no tenían éxito y carecía de dinero para pagar el precio del hotel, la cena o incluso comprar un boleto para regresar a casa. Se sintió completamente derrotado. Angustiado y deprimido, comenzó a cuestionar si aún valía la pena vivir.

En su momento más lamentable, sin ningún otro lugar adonde ir, comenzó a orar, pidiéndole a Dios que le diera comprensión y guía en medio de la oscuridad que sentía. Así que derramó su corazón, orando para concretar una venta y tener dinero para mantener a su esposa e hijos. Al terminar de orar, vio una Biblia de los Gedeones en el tocador de la habitación del hotel y comenzó a leerla. Así describió el cambio que comenzó a ocurrir:

La abrí y leí esas bellas e inmortales promesas de Jesús que debieron haber inspirado a innumerables generaciones de hombres solitarios, preocupados y golpeados a lo largo de los siglos: una plática que Jesús les dio a sus discípulos sobre cómo evitar las preocupaciones: «Así que no se preocupen diciendo: «¿Qué comeremos?» o «¿Qué beberemos?» o «¿Con qué nos vestiremos?»... Más bien, busquen primeramente el reino de Dios y su justicia, y todas estas cosas les serán añadidas».

Mientras oraba y leía esas palabras, ocurrió un milagro: mi tensión nerviosa se desvaneció. Mis ansiedades, temores y preocupaciones se transformaron en valentía, esperanza y fe triunfante... Me sentí como un hombre nuevo. Y lo era, porque tenía una actitud mental nueva y victoriosa... Mi situación aparente al día siguiente fue la misma que había tenido durante mis semanas de fracaso, pero algo tremendo había sucedido dentro de mí. De repente me había percatado de mi relación con Dios. Un simple hombre solo puede ser derrotado fácilmente, pero un hombre vivo con el poder de Dios dentro de él es invencible. Lo sé. Lo vi funcionar en mi propia vida.[7]

Al día siguiente, continuó con sus llamadas de ventas. Su situación no había cambiado, pero él sí. En vez de acercarse a sus posibles clientes con miedo y ansiedad, los encontró con confianza, entusiasmo y optimismo. Terminó el día con más ventas de las que había ganado en semanas. ¡Qué transformación tan dramática! Reconocer nuestra relación con Dios y el poder que pone a nuestra disposición, nos ofrece un enfoque completamente nuevo de las situaciones que enfrentamos.

La solución de Dios para la preocupación

Hay muchos recursos extraordinarios que nos ayudan a aprender a lidiar con la preocupación, pero aliento a cada uno de nosotros a hacer que la Palabra de Dios sea la principal fuente a la que recurrimos. En ella hay algunos principios poderosos que nos ayudarán a vencer la preocupación a medida que los apliquemos constantemente en nuestra vida. Echemos un vistazo a dos de los principios más esenciales: poner a Dios primero y buscar la paz.

Pon a Dios primero

Cuando Jesús concluye su enseñanza sobre la preocupación en Mateo 6, nos da un estímulo final: «Más bien, busquen primeramente el reino de Dios» (v. 33). Ese es el secreto que el empresario descubrió en esa habitación de un hotel: poner a Dios primero es el punto de partida para encontrar libertad de la preocupación.

Es muy sencillo, cuando los problemas surgen, pueden suceder una de dos cosas: o nos dejamos gobernar por el miedo y nos preocupamos, o confiamos en Dios. La elección es nuestra. Poner a Dios primero significa que lo hacemos más grande que cualquier otra cosa en nuestra vida. Lo elevamos por encima de nuestras necesidades, nuestros miedos, nuestros planes y también por encima de nuestras preocupaciones. Este es el fundamento de la verdadera paz en nuestra vida. A continuación veamos algunas de las formas en que le damos prioridad a Dios:

- **Tener una relación con Él.** Admitimos que somos pecadores, le pedimos su perdón y lo recibimos en el corazón como Señor y Salvador.
- **Buscar su reino.** Su reino es su manera de hacer las cosas. Cambiamos nuestra manera de actuar por la suya, y nuestros planes y propósitos por los suyos.
- **Creer a su Palabra.** Esto significa que nuestro corazón, nuestras creencias, nuestros pensamientos y nuestras acciones funcionan como si las promesas de Dios fueran verdaderas, aun cuando no podamos sentirlo o verlo.

Muchos de nosotros hemos escuchado el consejo que Jesús expone en Mateo 6:33 y que dice: «busquen primeramente el reino de Dios y su justicia», recordándonos que cuando lo hagamos «todas estas cosas les serán añadidas». La traducción de Phillips muestra una frescura que puede ayudar a que este versículo tan familiar luzca novedoso: «*Pon tu corazón en el reino y su bondad, y todas estas cosas vendrán a ti*».

Lo que establezcamos en nuestro corazón determinará nuestros deseos, nuestras decisiones y, en última instancia, el rumbo de nuestra existencia. Cuando tenemos un corazón «establecido en el reino», nos mantenemos avanzando en la dirección correcta.

Buscar la paz

Aquí es donde el asunto se vuelve práctico. En Filipenses 4, el apóstol Pablo establece un patrón para experimentar la paz de Dios en nuestra vida. La paz de Dios no es fruto de una existencia sin problemas; es el resultado de aferrarse a la verdad en medio de los desafíos de la vida.

Veamos el siguiente patrón que, aunque sencillo, es poderoso para la paz:

No se inquieten por nada; más bien, en toda ocasión, con oración y ruego, presenten sus peticiones a Dios y denle gracias. Y la paz de Dios, que sobrepasa todo entendimiento, cuidará sus corazones y sus pensamientos en Cristo Jesús (vv. 6-7).

Cuando lo detallamos, así es como se ve: no te preocupes por nada + ora por todo = la paz de Dios protegerá nuestro corazón y nuestra mente. Echemos un vistazo a estos pasos de acción.

1. No te preocupes por nada.

Lo sé, es más fácil decirlo que hacerlo. Un buen primer paso es identificar los patrones que rigen nuestra preocupación. Si podemos decir cuándo comienza la preocupación y sus causas, es más fácil detenerse. Durante los próximos siete días, trata de identificar cuándo comienza a surgir en tu corazón cierto pensamiento de preocupación. En ese momento, detente y trata de identificar qué es lo que te preocupa y por qué.

Las personas exitosas evitan la preocupación al abordar los problemas de una manera práctica, no emocional. La mayoría de ellos usan un proceso de pensamiento similar a este:

1. *¿De qué estoy preocupado?*
2. *¿Por qué?*
3. *¿Qué puedo hacer al respecto?*

Hay una cierta cantidad de preocupación saludable que debemos tener y que nos mueve a ser personas responsables: pagar nuestras cuentas a tiempo, completar nuestro trabajo y mantener nuestra vida en orden. Pero puede pasar rápidamente a la preocupación insana. He aquí la diferencia:

Preocupación saludable: un pensamiento proactivo que nos mueve a una acción responsable.

Preocupación insana: pensamiento basado en el miedo que paraliza y no conduce a una solución.

¿Cómo sabemos cuándo algo ha pasado de ser una preocupación saludable a una insana? Cuando algo comienza a mantenernos despiertos por la noche, cuando nos afecta emocionalmente o nos obsesiona, es ahí cuando sabemos que hemos cruzado la línea.

Un estudio investigativo hizo que la gente escribiera sus preocupaciones durante un lapso de dos semanas. ¿Adivina qué encontraron? El ochenta y cinco por ciento de las cosas que preocupaban a la gente, en realidad, tuvieron resultados positivos, no negativos.[8] ¡Eso es asombroso! Hablando en términos estadísticos, ¡realmente no tenemos tanto por qué preocuparnos como pensamos que lo hacemos!

Recuerda la pregunta que Jesús planteó: *¿Quién de ustedes, por mucho que se preocupe, puede añadir una sola hora al curso de su vida?* (Mateo 6:27). Por supuesto, la respuesta es nadie. De hecho, en todo caso, la preocupación hará que desaparezcan unos minutos. Esto es lo que debemos recordar: la preocupación no funciona. La sobreviviente del Holocausto Corrie ten Boom dijo: *«La preocupación es un ciclo de pensamientos ineficientes girando alrededor de un centro de miedo».*[9] La preocupación es nuestra respuesta a los problemas cuando la fe ha sido eliminada de la ecuación. Necesitamos reemplazar la preocupación por una respuesta que en verdad resulte: la oración.

2. Ora por todo.

Recuerda lo que dijo Pablo: «No se inquieten por nada; más bien, en toda ocasión, con oración y ruego, presenten sus peticiones a Dios y denle gracias» (Filipenses 4:6). Me encanta cuando la Biblia nos dice «más bien». Simplemente lo simplifica. Cada vez que quieras preocuparte, más bien ora. A veces nos complicamos con la oración, lo cual nos impide orar libremente, con confianza y a menudo. La realidad es que la oración es solo comunicarnos con Dios en cuanto a lo que está sucediendo en nuestra vida.

Pablo nos da una fórmula muy simple para lo que —más bien— deberían ser nuestras oraciones: «Dile a Dios lo que necesitas y agradécele por todo lo que ha hecho».

Tal vez tengas una gran reunión en el trabajo. Te sientes nervioso porque tu proyecto —y la posibilidad de un ascenso— depende del éxito de esa reunión. Tienes esa inquietud en tus entrañas, y todos esos temores —«qué pasaría si»— están apareciendo en el fondo de tu mente. En el momento en que empiezas a obsesionarte con la preocupación por tu reunión, usa eso como una alarma para detenerte y orar.

Así es como debo orar en estos momentos: *Dios, necesito que esta reunión se desarrolle bien. Necesito que estas personas me escuchen con un corazón y una mente sensibles. Necesito asegurarme de que mis palabras sean sensatas y que me conecte con todos en la reunión. Necesito que todas estas personas tengan misericordia y me otorguen su gracia. Oro porque mi presentación sea sobresaliente. Dios, te agradezco por este trabajo. Te agradezco incluso por esta reunión. Gracias porque puedo confiar en ti y porque vas a proporcionarme lo que necesito.*

La oración devuelve el peso de la carga a las manos de Dios. Podemos optar por llevar la carga en una manera que Dios no apruebe (lo cual es preocupante), o podemos volver a ponerla en Dios por medio de la oración y dejar que Él la lleve por nosotros, posicionando nuestro corazón y nuestra mente de modo que reciba la protección y la paz que promete en su Palabra.

Organiza tus pensamientos

La preocupación nace en la mente, por lo que es allí donde tenemos que abordar el problema. Podemos intentar muchas otras cosas para ayudar a combatir la preocupación pero, en última instancia, si no ponemos en orden nuestros pensamientos, no dejaremos de preocuparnos. La preocupación sucede cuando asociamos nuestra necesidad de seguridad y respuestas a cosas equivocadas.

Después que Pablo nos da la clave para tener paz, nos brinda un último consejo: llena tus pensamientos con «todo lo que sea excelente» (Filipenses 4:8). Esa expresión simplemente significa: «anclar algo de forma segura». Pablo nos dice que debemos tomar nuestros pensamientos que están apegados a las cosas equivocadas y volver a vincularlos a las cosas correctas.

En nuestra casa tenemos un área junto a la puerta de atrás, por donde entran los niños cuando llegan de la escuela. No sé cómo sea en la tuya pero, de alguna manera, en la nuestra las mochilas siempre terminan en el suelo. En dos segundos, el área puede pasar del orden a una loca escena de mochilas, zapatos, libros, carpetas, papeles, recipientes para el almuerzo y botellas de agua esparcidas por todas partes. Cuando eso sucede, todo se sale de control y nada funciona.

Así que decidimos agregar e incorporar algunos estantes a esta área específica para que todos puedan tomar su mochila y colgarla en un gancho y evitar que todo se salga de control. En vez de caos, las cosas están limpias y ordenadas. Es mucho mejor que tirar las mochilas a un lado y donde sea que aterricen ahí quedarán hasta la mañana siguiente.

Tal vez tú y yo, como adultos maduros, no haríamos eso con nuestras posesiones materiales, pero eso es exactamente lo que algunos de nosotros hacemos con nuestros pensamientos. Al igual que esas mochilas, tiramos nuestros pensamientos en cualquier parte y, donde sea que aterricen, simplemente dejamos que se queden así. Cuando nuestros pensamientos no están asentados en la verdad de la Palabra de Dios, es cuando las cosas en nuestro corazón y nuestra mente comienzan a volverse caóticas y desorganizadas. Comenzamos a sentirnos sin control y la preocupación aumenta hasta que sentimos que nos ahogamos.

Isaías 26:3 dice que Dios «Al de carácter firme lo guardarás en perfecta paz, porque en ti confía». Cuando nuestra mente se establece en la verdad de la Palabra de Dios, el resultado es paz en nuestro corazón.

Por cada preocupación, halla una promesa en la Palabra de Dios para que abordes tu situación. Incluso puedes escribir esos versículos y ponerlos en el espejo de tu baño o colgarlos en tu refrigerador, lo que sea necesario para mantenerlos en primer plano. Cuando la preocupación empiece a invadirte, aferra tus pensamientos a esa promesa y deja que Dios te llene con su paz.

Pon tu preocupación a trabajar

La preocupación no mueve nada hacia adelante. No tiene respuestas. No tiene soluciones. Por lo tanto no hay paz. De hecho, la preocupación siempre tiene el efecto opuesto. Te arrastra hacia atrás. Crea confusión. Despierta la duda y te roba la paz. La preocupación te quita las herramientas que necesitas para avanzar y lograr cosas hoy. Una de las peores características de la preocupación es que puede obstruir nuestra capacidad de pensar clara y lógicamente, dejándonos paralizados.

A veces la solución a la paz es tan simple como hacer algo respecto a lo que te preocupa. ¿Estás preocupado por todo lo que tienes que hacer y temes que no lo hagas todo? Siéntate y haz una lista de lo que hay que hacer. Al lado de cada tarea, escribe cuánto tiempo te llevará realizarla. Asigna un tiempo específico para cada tarea en tu calendario. Si no puedes hacer que todos resulten, enuméralas por orden de prioridad. Piensa de manera práctica pero creativa sobre cómo podrías resolver tu problema. ¿Podrías pedir ayuda? ¿Reprogramar algo? Dedica tu atención a lograr los elementos más importantes en tu lista, aquellos que son de alta prioridad y que requieran menos tiempo para entregarlo. Si tienes que desechar algo de tu lista, asegúrate que sea la tarea de menos importancia y que no tenga una fecha límite de entrega o finalización.

No temas pedir ayuda a Dios para manejar las áreas prácticas de tu vida. Él puede darte la sabiduría que necesitas para tomar buenas decisiones cuando estás preocupado o no sabes qué hacer.

Haz tu parte, planifica con anticipación y haz todo lo que puedas hoy, de modo que te prepares para triunfar mañana. Pero no dejes que el mañana te robe la paz de hoy.

Como nos lo recordó Jesús, el mañana tendrá suficientes preocupaciones por sí mismo, por lo que todavía no se te ha concedido la gracia. No llegues al futuro ni trates de manejar tus problemas sin la gracia que traerá el mañana. Pasa el día de hoy conectado a la gracia de Dios con lo que tienes a mano en este momento, y confía en que lo recibirás con respuestas frescas, nuevas fuerzas, nuevas ideas, nuevas disposiciones, para lo que tendrás a mano mañana.

Evalúa. Elimina. Elévate

La preocupación o la severa ansiedad pueden ser un problema muy serio. Si estás luchando para progresar en esta área, un consejero cristiano puede ser un recurso valioso para ayudarte a avanzar.

Evalúa: ¿Qué preocupaciones te pesan?

Eliminar: Crea un paso de acción práctico para cada preocupación cuando sea posible. Para situaciones sobre las que no tienes control, elige un versículo bíblico específico para ponerte de pie.

Elévate: Toma un momento y habla franca y sinceramente con Dios sobre las preocupaciones mencionadas anteriormente. Dile lo que necesitas y agradécele por todo lo que ha hecho.

Capítulo 4

Adiós,
pensamientos dañinos

Tu felicidad depende de la calidad
de tus pensamientos; por lo tanto,
guárdalos consecuentemente.

Marco Aurelio

Hace varios años, Leslie y yo comenzamos a notar un extraño olor persistente en la cocina. Corrección, un olor *terrible*. A pesar de nuestros mejores esfuerzos, no pudimos descubrir qué era ni de dónde venía. Busqué por arriba y por debajo, escudriñando en todos los lados posibles que consideraba que podía venir el olor.

En realidad, no sabía qué más hacer, así que pensé que tal vez, solo tal vez, desaparecería por sí solo. *Incorrecto*. No solo no desapareció sino que empeoró progresivamente.

Convertí en mi misión especial el encontrar y terminar con «aquel olor pestilente». Olfateé todos los espacios alrededor de la cocina hasta que pude identificar el área de la que provenía. Por extraño que parezca, parecía venir de uno de los enchufes de la pared. No sabía con mucha certeza hasta dónde me llevaría la búsqueda pero, a esas alturas, estaba dispuesto a seguir cualquier pista para tratar de poner fin al misterioso olor.

Quité la tapa del tomacorriente y, para mi sorpresa, hallé un ratón muerto. Aparentemente, había estado corriendo por las paredes, mordió algunos de los cables eléctricos e hizo de nuestra pared su último lugar de descanso.

Cada vez que cuento esta historia, la gente responde con experiencias similares. Un paquete de carne que salió de una bolsa y comenzó a pudrirse debajo del asiento delantero del auto, o la leche que se derramó en la alfombra del piso y se pudrió.

La peor fue una historia de una joven pareja de nuestra iglesia con su hijo pequeño. Se estaban mudando de Memphis para comenzar un nuevo trabajo en Carolina del Sur, y la empresa con la cual trabajaba su esposo contrató una compañía de mudanzas para empacar todas sus pertenencias y transportarlo todo a Carolina del Sur.

Cuando llegaron, obtuvieron un contrato de arrendamiento a corto plazo en un apartamento y guardaron la mayoría de sus posesiones en un almacén mientras buscaban una casa. Cuando al fin tras muchos meses de buscar encontraron una casa, comenzaron a desempacar todas sus cajas, solo para encontrar que la compañía de mudanzas había empacado su cesto de basura lleno de porquería, *hasta un pañal sucio tenía dentro*. ¡No era el tipo de regalo de inauguración que estaban esperando!

Ir a la fuente

Cuando estábamos tratando de deshacernos del terrible olor en la cocina, podríamos haber encendido una gran vela olorosa o haber rociado la habitación con un desodorante ambiental. Eso podría haber resuelto el asunto en forma temporal, pero no lo habría solucionado por completo. Tendríamos que haber seguido lidiando con esto una y otra vez.

¿Por qué? Porque en vez de realmente solucionar el problema, lo que hicimos fue lidiar con el síntoma. El olor no era realmente el problema. El verdadero problema era el ratón muerto. Para terminar con aquella pestilencia, tuve que romper la pared e ir a la fuente.

Asuntos del corazón

En *Un ensayo concerniente al entendimiento humano*, el filósofo británico John Locke dijo: «Siempre he pensado que las acciones de los hombres son las mejores intérpretes de sus pensamientos».[1] En esencia, Locke nos dice, que lo que *realmente* pensamos y creemos se verá reflejado finalmente en nuestras acciones. Podríamos hacer un muy buen trabajo para aparentar confiabilidad, pero si estamos luchando con la falta de seguridad en nuestros pensamientos, en algún momento comenzará a evidenciarse en nuestras actitudes y acciones.

Al igual que un pequeño ratón muerto causó un efecto realmente indeseable en nuestro hogar, un mal hábito puede producir algunos efectos realmente indeseables en nuestra vida. Para poder verdaderamente liberarnos de la basura que nos detiene, vamos a tener que buscar la raíz del problema: *nuestro pensamiento*. O tal vez deberíamos decir, *nuestros pensamientos negativos*.

¿Por qué es tan importante nuestro pensamiento? Proverbios 23:7 (RVR60) da la respuesta: «Porque cual es su pensamiento en su corazón, tal es él». Nuestra mente es el centro de comando de nuestra vida. Este versículo nos dice que el pensamiento determina lo que somos y la realidad en la que elegimos operar.

No sé tú, pero a menudo me he preguntado por qué el versículo se refiere a un hombre que «piensa» en su corazón. La mayoría de nosotros diría que el pensamiento tiene lugar en el cerebro, no en el corazón. Sin embargo, la ciencia ha descubierto que el corazón tiene un sistema nervioso autónomo muy complejo.[2] De hecho, incluso se le llama «cerebro en el corazón».[3]

En su libro *¿Quién me desconectó el cerebro?*, la doctora Caroline Leaf habla sobre el papel que juega el corazón en nuestra vida. Ella dice: «Curiosamente, aunque muchos ven el corazón solo como la fuente del amor, las investigaciones han revelado que el corazón considera y "piensa" acerca de la información que recibe del cerebro. Eso implica que el corazón tiene opiniones propias... Tu corazón no es solo una bomba. Es el oscilador biológico más fuerte de tu cuerpo, lo que significa que tiene la capacidad de arrastrar a su propio ritmo a cada uno de los diferentes sistemas del cuerpo».[4]

Esta es la razón por la cual Proverbios 4:23 nos dice que: «Por sobre todas las cosas cuida tu corazón, porque de él mana la vida».

Una de mis citas favoritas es de James Allen, que dijo: «Hoy estás donde tus pensamientos te han traído; mañana estarás donde tus pensamientos te lleven».[5] Medita en eso. Nuestros pensamientos determinan lo que *hacemos*. Lo que hacemos determina nuestra *dirección*. Nuestra dirección determina nuestro *destino*. Si queremos mantenernos en el camino con los propósitos y los planes de Dios para nuestra vida, empecemos por mantener el pensamiento en el camino correcto con su Palabra.

Captura los _____ pensamientos

En mi niñez, íbamos a Wisconsin todos los veranos a visitar a nuestra familia extendida. Me encantaba. Mis primos y yo teníamos todo tipo de juegos, pero el favorito siempre era «Captura la bandera». Pasábamos horas en la noche corriendo por el bosque, ingresando furtivamente al «territorio enemigo» para tratar de capturar su bandera. Si la capturabas, estabas en camino a la victoria.

Esa misma táctica es la que nos lleva a la victoria cuando se trata de ganar la batalla en nuestra mente. En 2 Corintios 10:5, Pablo nos da un plan de guerra para vencer a los malos pensamientos (cualquiera que no se alinee con la verdad de Dios) consistente en que nosotros: «Destruimos argumentos y toda altivez que se levanta contra el conocimiento de Dios, y *llevamos cautivo todo pensamiento para que se someta a Cristo*» (énfasis añadido).

Este es el proceso fundamental para producir transformaciones en nuestra vida. Tocamos este punto cuando hablamos sobre la preocupación y el consejo de Pablo en Filipenses 4:8 para pensar en cosas buenas y productivas. Hablamos sobre separar nuestros pensamientos de las cosas erróneas y volver a unirlos a las cosas correctas.

Los siguientes son solo algunos ejemplos de los pensamientos que debemos eliminar.

- **Pensamientos inmorales.** Comprométete a no entretenerte en ningún pensamiento que te aleje de tu fortaleza y tu pureza, no importa cuán pequeño sea. En su devocional *Faith Alone*, basado en la doctrina de la justificación por la fe de Martín Lutero, James C. Galvin ofrece consejos sobre cómo lidiar con este tipo de pensamientos: «Deberías seguir el consejo de un ermitaño que fue abordado por un joven que se quejaba de que tenía pensamientos lujuriosos y otras tentaciones. El anciano le dijo: "No puedes evitar que los pájaros pasen volando sobre tu cabeza, solo déjalos volar. Pero puedes evitar que hagan nido en ella"».[6]

- **Pensamientos negativos.** La negatividad es uno de los más comunes tipos de pensamiento que impiden que las personas avancen en la vida. Una actitud negativa puede hacer que las personas sean críticas, llenas de dudas, pesimistas, temerosas o simplemente apáticas. Piensan que nada bueno puede sucederles, así que ¿para qué intentarlo? Puedes pensar que ser negativo no es gran cosa pero, la verdad es que la negatividad se arraiga en el miedo y el temor no es de Dios. ¡Simplemente no produce nada bueno en nuestra vida! De hecho, los científicos han encontrado pensamientos enraizados en el miedo y emociones negativas que generan productos químicos tóxicos y causan daño al cerebro si se producen de manera consistente.[7]

Es fácil ver como la palabra *negativa* está cerca del vocablo *negar*, que significa «hacer que sea ineficaz o no válida». ¿Cuántas veces hemos provocado que las cosas buenas de nuestra vida sean ineficaces o inválidas porque no hemos tenido la confianza que Dios nos dice que tengamos? Como dice Joyce Meyer: *«No podemos tener una mente negativa y una vida positiva».*[8]

Te reto a hacer un pequeño experimento: comprométete a «capturar y abandonar» cualquier pensamiento negativo que te llegue a la mente durante los próximos siete días. No lo contemples en lo más mínimo. Al contrario, somételo. Encuentra algo positivo. Espera lo mejor. Espera algo bueno. Si el único cambio que hiciéramos fuese comprometernos a dejar de contemplar los pensamientos negativos e intercambiar patrones de pensamiento negativos por otros más optimistas y llenos de fe, creo que muchos de nosotros experimentaríamos cambios drásticos. Wade Boggs, miembro del Salón de la Fama del béisbol, dijo: «La actitud positiva provoca una reacción en cadena de pensamientos, eventos y resultados positivos. Es un catalizador que genera resultados extraordinarios.»[9] Una vez que comienzas a «capturar y abandonar» los pensamientos negativos en tu mente, te sorprenderá la diferencia que eso puede hacer.

- **Pensamientos de «identidad errada».** Cuando el diablo quiere mantener a una persona presionada, una de sus estrategias más exitosas es mentirles sobre *su identidad* y *la identidad de Dios*. En el capítulo sobre las emociones, hablamos acerca de cómo pueden nuestras experiencias moldear nuestro pensamiento. Lo que creemos que es cierto con nosotros mismos, con los demás, con Dios y con la vida se configura a través del filtro de esos pensamientos. El problema es que esos pensamientos pueden reflejar lo que hemos experimentado, pero eso no significa que reflejen la verdad. Demasiadas personas piensan en Dios como en un ser cruel, exigente, carente de amor y distante. Pero si leemos las Escrituras, vemos que Dios es misericordioso (Salmos 145:8), que nos ama incondicionalmente (Romanos 8:38) y que quiere estar cerca de nosotros (Salmos 145:18).

O tal vez estamos plagados de pensamientos como por ejemplo: *Soy un fracaso... No valgo nada... Dios no podría amar a alguien como yo.* La verdad es que la Palabra de Dios dice que somos su obra maestra (Efesios 2:10), que somos valiosos (1 Corintios 7:23), y que somos amados con amor eterno (Jeremías 31:3). Pero si no conocemos la verdad, seguimos operando desde la realidad de la mentira.

Tenemos que ser buenos para filtrar pensamientos de «identidad errada» que no se ajustan a lo que dice la Biblia. No es fácil. Algunos de ustedes puede que tengan esa clase de pensamientos y hayan estado en su mente toda la vida. Puede que nunca se te haya ocurrido pensar que algunas de las formas en que piensas acerca de ti, de Dios o de la vida en general no están arraigadas en la verdad.

La mejor manera de comenzar a capturar y abandonar los pensamientos de identidad errada es pasar tiempo leyendo la Biblia y descubriendo quién es Dios y qué dice acerca de nosotros. De ello podemos obtener una comprensión verdadera sobre nuestra identidad en Cristo, que es esencial para una vida sana, segura y próspera. A medida que reemplazamos nuestros pensamientos negativos con la verdad de la Palabra de Dios, comenzamos a experimentar la transformación interna y la libertad.

Saber la verdad acerca de quién es Dios y quién dice que eres será la base de la verdadera libertad. Captura cualquier pensamiento que no se ajuste a la Palabra de Dios y reemplázalo con la verdad.

La fuerza de voluntad y la guerra

La realidad es que, cualquiera que sea el área de control, la mente controla la vida. Me encanta la promesa que Dios nos da en 2 Timoteo 1:7: «Dios no nos ha dado un espíritu de timidez, sino de poder, de amor y de dominio propio». Una mente sana es fuerte, saludable, pacífica y capaz de tomar buenas decisiones. Significa que somos capaces de pensar con claridad y maniobrar sabiamente a través de las situaciones. Podemos manejar bien las transiciones y los problemas. Podemos navegar por la vida sin dejarnos invadir por la confusión, el caos o las emociones. Una mente sana nos permite tomar decisiones inteligentes y guiadas por el Espíritu para avanzar.

Tal vez tu mente y tus pensamientos no estén al nivel de salud y fortaleza que la Palabra de Dios dice que pueden estar. Si ese es el caso, quiero animarte: el cambio es posible. La clave es que «Dios los transforme en personas nuevas al cambiarles la manera de pensar» (Romanos 12:2, NTV). La mayoría de los problemas que nos retrasan en la vida se remontan a pensamientos o mentes poco saludables. Malos hábitos, inseguridad, patrones negativos en las relaciones y muchos otros. Si queremos solucionar el problema, debemos corregir el pensamiento que lo impulsa.

Todos sabemos que los hábitos mentales pueden ser difíciles de eliminar. ¿Has manejado alguna vez hacia tu trabajo cuando, de repente, te das cuenta de que se suponía que tenías que ir a la tienda, que está en la dirección opuesta? Tu mente activó el piloto automático y terminaste yendo al lugar donde solías ir, no donde se suponía que ibas. Tal vez incluso sentiste que un hábito mental —o un patrón de pensamiento— estaba arraigado en tu mente, como en realidad sucede. Los pensamientos que elaboramos repetidas veces literalmente usan ranuras en nuestro cerebro para que podamos funcionar de manera más eficiente. Cuanto más tiempo hemos pensado de cierta manera, más fácil es físicamente para nuestro cerebro activar ese viejo pensamiento en lugar de formar uno nuevo, porque el camino ya está hecho. Para cambiar nuestros pensamientos, tenemos que crear nuevas vías, literalmente, usar nuevos caminos en nuestro cerebro y evadir los antiguos. Esto generalmente toma alrededor de veintiún días.[10]

Renovar la mente y superar los malos hábitos es más que solo formar nuevos patrones de pensamiento en nuestro cerebro. Efesios 4:23 (NTV) indica que debemos dejar que «el Espíritu les renueve los pensamientos y las actitudes [teniendo una nueva actitud mental y espiritual]». Esto nos muestra dos claves para renovar nuestra mente y cambiar nuestra forma de pensar:

- Una nueva actitud *mental*. FUERZA DE VOLUNTAD
- Una nueva actitud *espiritual*. GUERRA

Tenemos que decidir cambiar y luego disciplinarnos para tomar decisiones que produzcan los nuevos hábitos que queremos en nuestra vida (fuerza de voluntad). Pero también tenemos que estar conscientes de la batalla en nuestra mente y que nuestro pensamiento es espiritual, algo que el enemigo no quiere que ganemos. Él hará todo lo que pueda para mantenernos atrapados en el pensamiento contrario a la Palabra de Dios. Esta es una batalla que debe combatirse con armas espirituales (guerra).

Es como la ecuación simple de la que hablo todo el tiempo: *la parte de Dios y mi parte*. Es fácil inclinarse demasiado hacia un lado u otro. Para algunas personas, lograr el cambio tiene que ver con ejercer autodisciplina y pura fuerza de voluntad. Para otras, se trata de la liberación milagrosa recibida de Dios. Lo que he encontrado es que generalmente eso está en algún punto intermedio. Incluso cuando vemos en la Biblia a alguien recibir un milagro, esa persona siempre llevó algo a la mesa, aunque fuera simplemente su fe, su valor o su humildad.

Así es como tenemos que abordarlo mientras trabajamos para renovar nuestra mente: *Mi parte es hacer todo lo que pueda para posicionarme de modo que Dios pueda hacer la suya. La parte de Dios es su presencia. La mía es mi posición.*

Cuando era soltero e intentaba conquistar a Leslie, hacía todo lo posible para estar con ella. No solo quería estar cerca de ella, estaba convencido por completo de que si pasábamos un tiempo juntos, ella se daría cuenta de que yo era el hombre de sus sueños.

Necesitamos tener ese mismo tipo de persistencia y tenacidad a la hora de experimentar la presencia de Dios. Dios es la esencia de todo lo que necesitamos para estar completos. A medida que lo experimentamos repetidamente, somos cambiados y nos parecemos más a Él.

Algunos de ustedes pueden haber crecido en un hogar malsano y sus pensamientos pueden ser un completo desastre. Otros acaban de pasar años sin prestar mucha atención a sus pensamientos y han acumulado algunos «malsanos o negativos» en el camino. No importa a qué se enfrenten, sepan que no existe una mentalidad, patrón de pensamiento o fortaleza en la mente que supere el poder de Dios.

Pintado con el poder del Espíritu

Isaías 10:27 (RVR60) dice: «Acontecerá en aquel día que su carga será quitada de tu hombro, y su yugo de tu cerviz, y el yugo se pudrirá a causa de la unción». El *yugo* y la *unción* no son palabras que se usan en la actualidad, pero la unción es tan transformadora como siempre. El yugo del que Isaías habla es del tipo que ya no vemos, en el que una pesada barra de madera descansa sobre los hombros de dos bueyes y se sujeta debajo de sus cuellos con un collar de metal.

En la Biblia, el yugo representa la esclavitud, estar ligado a algo que limita la libertad. Cuando esos bueyes están atados con el yugo, prácticamente toda su libertad les es quitada. Son incapaces de quitarse el yugo ellos mismos. De modo que debe ser eliminado por una fuerza externa. Para ti y para mí, esa fuerza externa que quita el yugo de la esclavitud en nuestra vida es la unción: la presencia de Dios. La palabra unción en el griego original es *charisma*. Y es muy cercana a la palabra que se usa en el Nuevo Testamento cuando se habla de los dones del Espíritu, que es *carisma*. La palabra *ungir* [en inglés; y en español se relaciona con untar y pintar] literalmente significa «ser pintado con el poder del Espíritu».

Cuando volvemos a unir esto, vemos que este versículo dice que *en aquel día... su carga será quitada...* [y] *se pudrirá a causa de la unción* [el poder y la presencia de Dios]. Eso significa que debemos hacer todo lo que podamos para sentir la unción en nuestra vida. Veamos tres poderosas armas que nos ayudan a hacer guerra espiritual y experimentar la unción, el poder y la presencia de Dios.

1. La Palabra de Dios

La Palabra de Dios es la mejor herramienta para que nuestra vida sea transformada. John Stott dijo: «Debemos permitir que la Palabra de Dios nos confronte, inquiete nuestra seguridad, quebrante nuestro deleite y estremezca nuestros patrones de pensamiento y comportamiento».[11] La Palabra de Dios puede obligarnos a salir de nuestra rutina. Puede enfrentar algunos problemas en nuestra vida y desafiar pensamientos no saludables en nuestra mente. Con franqueza, puede que no sea lo que queremos escuchar, pero es la verdad la que nos hará libres (Juan 8:32).

La Biblia es tan poderosa debido a que nos da palabras tangibles —*las palabras de Dios*— para reemplazar el cansancio, la ansiedad, la depresión o cualquier otro tipo de palabras malsanas que contaminen nuestra mente. Cuanto más llenamos nuestra mente con la Palabra de Dios, menos espacio hay para llenarla con pensamientos que pueden estorbarnos. A medida que la Palabra de Dios se fortalece en nuestra mente, el control de esos pensamientos tóxicos se vuelve más y más débil hasta que se rompe.

La Palabra de Dios tiene muchas cualidades y efectos asombrosos en nuestra vida. No solo nos enseña acerca de Dios, sino que también nos limpia y purifica, nos da dirección, nos brinda paz, nos quita el miedo, produce sabiduría, nos instruye y corrige, nos alienta, nos fortalece y la lista sigue y sigue. Pero hay un efecto en particular que quiero resaltar porque resume el impacto que la Palabra de Dios tiene en nuestra vida. Lo vemos tanto en Josué 1 como en el Salmo 1.

Recita siempre el libro de la ley y medita en él de día y de noche; cumple con cuidado todo lo que en él está escrito. Así prosperarás y tendrás éxito (Josué 1:8).

Dichoso el hombre que no sigue el consejo de los malvados, ni se detiene en la senda de los pecadores ni cultiva la amistad de los blasfemos, sino que en la ley del Señor se deleita, y día y noche medita en ella. Es como el árbol plantado a la orilla de un río que, cuando llega su tiempo, da fruto y sus hojas jamás se marchitan. ¡Todo cuanto hace prospera! (Salmos 1:1-3).

En Josué vemos las palabras «prosperarás» y «éxito», y el Salmo 1 usa la palabra «prospera». La misma raíz hebrea para la palabra prosperar se usa en ambos versos: *tsalach*. *Tsalach* y significa *«hacer prosperar; para avanzar; progresar; ser rentable; hacer que tenga éxito»*. En estos versículos, el término *prosperar* se refiere al efecto que la Palabra de Dios tiene en nuestra vida.

Podríamos decirlo de esta manera: *La Palabra de Dios nos hace prosperar, avanzar, progresar, ser provechosos y tener éxito.* Tenemos que ser proactivos en hacer que la Palabra de Dios entre en nuestro corazón y en nuestra mente. La Palabra de Dios no puede producir beneficios en nuestra vida si no está en nuestro corazón y en nuestra mente. ¡Nadie más puede hacer eso por nosotros!

Aquí hay cinco cosas que podemos hacer con la Palabra de Dios:

1. Escuchar.
2. Leer.
3. Meditar en ella.
4. Memorizarla.
5. Hablar la Palabra.

Se dice que Charles Spurgeon bromeó acerca de Juan Bunyan, autor de *El progreso del peregrino*: «*Si lo cortaras, su sangre derramaría palabra de Dios*».[12] Ese es un objetivo que todos deberíamos perseguir. Cuando la Palabra de Dios está constantemente presente en nuestros pensamientos, nuestra vida crecerá progresivamente más fuerte y más saludable. Nos mantendrá avanzando en cada temporada, incluso en los tiempos difíciles que nos hieren el corazón y nos causan dolor. Todo lo que hayamos puesto en nuestra mente es lo que se derramará.

Mi esposa tuvo una madre extraordinaria. Cuando Leslie y yo éramos novios, yo iba a buscarla y su madre siempre insistía en darme de comer; por lo general, cada vez que salía con Leslie comía. Su mamá era una excelente cocinera y una maravillosa anfitriona. Y aunque apreciamos esas cosas, lo que más nos gustaba de ella era su sabiduría, su fortaleza y su amabilidad: era una mujer de integridad y carácter.

Cuando pensábamos en nuestro futuro, siempre imaginamos que ella estaría con nosotros. Pero en octubre, nos dieron la noticia que todos tememos recibir. La madre de Leslie tenía cáncer y, de repente, nuestro futuro cambió drásticamente. Dos meses después ella partió.

Fue una de las temporadas más difíciles que hemos vivido como familia; yo diría que fue la más triste por la que Leslie había pasado. En ese momento de dolor y de lidiar con la pérdida de su madre, Leslie tenía algunos discos compactos en su auto. Uno de ellos era una serie de enseñanza de una gran amiga nuestra, Nancy Alcorn.

Nancy es la fundadora de un extraordinario ministerio llamado *Mercy Multiplied*. Durante más de treinta años, Nancy ha estado construyendo hogares para niñas con problemas de autocontrol donde pueden sanar y reconstruir sus vidas. Cuando ella enseña, casi todo lo que sale de su boca es Palabra de Dios. (¡Creo que si la cortara, también sangraría Palabra de Dios!) Todo lo que hacen en esos hogares está arraigado en la Palabra de Dios, enfocado en llevar la verdad a esas niñas. La transformación que produce es asombrosa.

Leslie le da mucho valor a esos discos que lleva en su auto porque la mantuvieron enfocada esa temporada. La Palabra de Dios, que lava su corazón y su mente, evitaba que se apartara de su curso o quedara atrapada en un lugar insano en ese tiempo extremadamente doloroso. No hay nada como la Palabra de Dios para sanarnos de nuestro pasado, guiarnos en el presente y prepararnos para el futuro.

2. Oración

La oración es como una cuerda que nos rescata con el poder y la presencia de Dios. Abraham Lincoln lidió con muchas dificultades en su vida. Perdió a su madre a una edad temprana, soportó innumerables fracasos en la política y sufrió la muerte de su hijo de once años mientras dirigía a nuestra nación por uno de los períodos más tumultuosos de su historia. Una vez dijo: *«He sido inducido muchas veces a estar sobre mis rodillas por la abrumadora*

convicción de que no tenía otro lugar adonde ir. Mi propia sabi-
duría [y la de quienes me rodean] me parecieron insuficientes para
ese día».[13] La oración no siempre elimina los desafíos que enfrentamos, pero trae a Dios en medio de ellos. En la lucha por cambiar
de parecer, la oración es un arma esencial y efectiva.

La investigación científica ha demostrado que doce minutos
de oración eficaz cada día durante ocho semanas pueden pro-
ducir suficientes cambios en la mente, tantos que pudieran ser
medidos con un escáner cerebral.[14] Mientras que los pensamientos tóxicos como el miedo, la ansiedad y la falta de perdón pueden dañar el cerebro y el cuerpo con los químicos que producen;
cuando oramos, nuestro organismo genera productos químicos
que tienen un efecto positivo. *Estos químicos curan el daño y*
crean cambios físicos que el cerebro y el cuerpo necesitan para
mejorar[15]. El miedo y la ansiedad nunca cambiarán nada, pero la
oración sí lo hace. Puede cambiar nuestra situación y, quizás lo
más importante, es que nos *transforma.*

El ayuno, por otra parte, es un gran compañero de nuestra
vida de oración, especialmente si necesitamos un gran avance.
El ayuno es simplemente decirle no al apetito (sobre todo por la
comida) para crear un hambre creciente por las cosas de Dios. El
ayuno no trae cambios por sí mismo, pero nos expone a la experiencia de la unción, que sí trae cambios a nuestra vida.

3. Un ambiente eclesial vivificador

De la mano con la Palabra de Dios, la iglesia ha sido la fuerza
más influyente en mi vida. Una congregación que nos dé vida es
una de las formas clave en que Dios nos conecta con las cosas
que necesitamos superar y perfeccionar en la vida. Uno de mis
versículos favoritos es *el Salmo 92:13: «Plantados en la casa del*
Señor, florecen en los atrios de nuestro Dios». Nuestra vida es

como una semilla y la iglesia es como el suelo. A medida que nos plantamos y «echamos raíces» en una iglesia saludable, podemos extraer todos los «nutrientes» para alimentar nuestra vida y ayudarnos a crecer. Estas son algunas de las cosas que experimentamos en una iglesia saludable y dadora de vida:

- **Adoración.** El Salmo 22:3 nos dice que Dios habita en medio de nuestra alabanza. ¡Eso significa que la adoración trae la presencia de Dios a nuestra vida! Te animo a que hagas de la adoración una parte de tu tiempo individual con Dios cada día y, además, te comprometas a adorar con otros creyentes en una iglesia de la localidad (Hebreos 10:25).
- **Enseñanza de la Palabra de Dios.** Escuchar la Palabra de Dios nos ayuda a madurar como cristianos y a conocer mejor a Dios. Alienta nuestro espíritu, nos fortalece y nos equipa para los desafíos que enfrentamos.
- **Relaciones.** El Salmo 68:6 (parafraseado) dice: «Dios da familia a los solitarios». Su casa es un lugar al que puedes pertenecer y ser parte de una familia. Las relaciones sanas y generosas enriquecen nuestra vida, nos brindan alegría y aliento, y nos ayudan en tiempos difíciles. También son importantes porque gran parte del trabajo que Dios quiere hacer en nosotros ocurre en el contexto de las relaciones. Podemos aprender cosas nuevas, crecer como personas y desarrollar nuestro carácter.
- **El Espíritu Santo.** Nada puede sustituir un ambiente donde el Espíritu Santo es valorado y aceptado. El Espíritu Santo trae un tipo de vida y poder que no se puede encontrar en ninguna otra cosa. Él consuela, guía, corrige y nos da el poder que necesitamos para vivir de la manera que Dios desea.

Podría llenar un libro completo con historias de personas cuyas vidas han cambiado al plantarse en la casa de Dios. Permíteme compartir solo una de ellas, la de un joven extraordinario de nuestra iglesia, en sus propias palabras.

La primera vez que vine a *The Life Church* fue cuando estaba en la escuela secundaria. Uno de mis amigos me había invitado, así que pensé: ¿Por qué no? Estuve asistiendo un tiempo pero luego, entraba y salía, iba y dejaba de ir. Eso fue durante unos años que pasé por algunas temporadas oscuras en mi vida, luchando contra la depresión, la inseguridad, las drogas y el alcohol; perdí hasta la esperanza. En mi primer año de escuela secundaria, el amigo que me había invitado a la iglesia esa primera vez vio cómo era mi vida y se dio cuenta de que no se veía bien. Así que me invitó a volver varias veces antes de que finalmente acepté. Pero cuando entré a la iglesia ese miércoles por la noche, no tenía idea de que saldría como un cristiano salvado. Recuerdo que el mensaje trató en cuanto a abrirle el corazón a Dios y a la fe del tamaño de una semilla de mostaza, con la que Él puede mover montañas. Así que decidí dejar entrar a Dios en mi corazón definitivamente y Él me rescató. Además, me dio amigos, esperanza y propósito en la vida. Desde entonces comencé a servir en la iglesia… Mientras escribo esto, reflexiono en mi vida y veo cuánto he cambiado… El Salmo 107:14 dice: «Los sacó de las sombras tenebrosas y rompió en pedazos sus cadenas».[16]

. . . .

Evalúa. Elimina. Elévate

Renovar nuestra mente y limpiar los malos pensamientos que quieren impedir que tengamos lo mejor de Dios es a la vez una batalla y un proceso. Mantente en la lucha y permite que Dios te brinde una nueva actitud mental y espiritual que te ayude a avanzar con un nuevo nivel de libertad.

Evalúa: ¿Qué áreas de tu pensamiento podrían calificar como «pensamientos malsanos»?

Elimina: ¿Qué pensamientos no saludables necesitas capturar?

Elévate: ¿En qué verdad de la Palabra de Dios necesitas enfocarte más que en ese pensamiento negativo?

Escribe una lista de declaraciones bíblicas basadas en las Escrituras y léelas a diario, es una excelente manera de «reconectar» nuestros patrones de pensamiento y reemplazar los pensamientos perjudiciales con la verdad de Dios.

Capítulo 5

Tiempo de restaurar

Nunca es demasiado tarde
para empezar de nuevo.

Rick Warren

Charles M. Schulz, creador de la tira cómica Charlie Brown y
Snoopy, dijo: «*Todo lo que necesitas es amor. Pero un poco de
chocolate de vez en cuando no cae mal*».[1] Especialmente si se trata de caramelos *Reese peanut butter,* un popular dulce de chocolate relleno con mantequilla de maní. Me encantan esas cosas...
mucho. Sobre todo los que vienen en empaques pequeños. De
algún modo, los *Reese* parecen ser parte de cada mensaje que pre-
dico. Son mi debilidad. Y siempre puedo encontrar una manera
de justificarme para comérmelos. *Tienen proteína proveniente de
la mantequilla de maní... eso creo.*

A veces, de camino a casa, me detengo a comprar gasolina y,
antes que me percate, regreso con un paquete grande de *Reese.*
Así que me prometo que *solo comeré uno y que guardaré los
otros para el día siguiente.* Dos minutos después se han acabado.

Leslie me ha dicho más de una vez, bromeando, que podría tener un problema con eso.

Por desdicha, los productos *Reese* no son mi única debilidad cuando se trata de alimentos. Un verano, fui a predicar a una iglesia en Connecticut y —durante el recorrido en la noche hacia allá— decidí quedarme en la ciudad de Nueva York. El hotel estaba cerca de un lugar fantástico llamado *Shake Shack*. Deberían tener algún tipo de aviso publicado para personas como yo que tienen hábitos de alimentación compulsivos, porque tienen las mejores hamburguesas y papas fritas que he probado, sin duda. Y sus batidos. Realmente no puedo expresar en palabras cómo son esos batidos... Creo que una vez se los describí a alguien como «un cambio de vida» y «una experiencia espiritual». Son buenísimos. Tan buenos que, de hecho, en mi parada de veinticuatro horas en la ciudad de Nueva York creo que consumimos alrededor de seis a ocho batidos de mantequilla de maní entre el chico que viajaba conmigo y yo.

¿Qué? Esos batidos son una locura... buena, pero locura al fin y al cabo. En el camino a casa, tuve una terrible sensación en mi intestino, y no era de todos los batidos que había comido. Es la sensación que tienes cuando sucumbes a algo que sabías que no debías haber hecho... de nuevo. Esa sensación trágica que tienes cuando sabes que Dios ha estado tratando contigo sobre algo, pero tratas de fingir que no pasa nada.

Ese era un aspecto con el que realmente estaba luchando. Batallaba con eso todos los días. Primera de Corintios 9:25 nos dice que para tener éxito en el andar con Dios, debemos ser disciplinados y tener autocontrol en todas las cosas. Cuando se trataba de comida y mi físico, ni siquiera estaba cerca de hacerlo.

Intentaba hacerlo bien y no ceder a mis viejos hábitos. Un día estaba bien, pero al siguiente sucumbía y estaba de regreso en la gasolinera, recogiendo mi paquete gigante de caramelos *Reese* y nachos picantes Doritos otra vez.

Es probable que pienses: *Espera. Realmente no creo que los batidos, los dulces Reese y los Doritos sean un gran problema. No es un pecado comerlos.* Y tienes razón, no hay nada de malo en disfrutar de la comida y derrochar de vez en cuando. Pero era un área en la que no podía decirme no cuando tenía que hacerlo.

Así que allí estaba yo, en una lucha con ese tema hasta que un día Dios me hizo sentir algo en mi corazón que nunca olvidaré. Fue tan claro, amoroso, positivo e comprensivo como nada que hubiera escuchado antes, me dijo: *John, esta área de tu vida no tiene control. Está fuera de mi alcance. Lo quitaste de mi alcance. Es hora de presionar reiniciar.*

¿Estás dominado?

Esa experiencia fue una llamada de atención. Me di cuenta de que no podía presumir que ya no era gran cosa. Tomé conciencia de mi salud, investigué y puse en práctica mis nuevos conocimientos. Me sorprendieron los resultados. No solo en lo físico, también sentí un cambio en mi vida espiritual.

En la medida en que resistía la dirección de Dios hacia el cambio, me parecía que no podía avanzar en otras áreas, pues me faltaba el impulso. Cuando finalmente me rendí y obedecí, fue sorprendente ver cómo algunas de esas cosas por las que había estado orando y creyendo comenzaron a cambiar. Realmente creo que la obediencia abrió la puerta a mi avance. A veces, cuando nos sentimos atrapados en un patrón de espera, deseando que Dios se mueva en nuestra vida, es probable que sea porque Él está esperando que sigamos con lo último que nos pidió que hiciéramos.

La influencia de Dios en nuestra vida suele ser proporcional al nivel de rendición y obediencia que tenemos. Mi verdadero problema era menos con la comida chatarra y más con el hecho de que había un área en mi ser en la que mantenía alejado a Dios. La verdad es que eso me dominaba. Romanos 6:12-14 nos advierte:

> Por lo tanto, no permitan ustedes que el pecado reine en su cuerpo mortal, ni obedezcan a sus malos deseos. No ofrezcan los miembros de su cuerpo al pecado como instrumentos de injusticia; al contrario, ofrézcanse más bien a Dios como quienes han vuelto de la muerte a la vida, presentando los miembros de su cuerpo como instrumentos de justicia. Así el pecado no tendrá dominio sobre ustedes, porque ya no están bajo la ley, sino bajo la gracia.

Algunas veces justificamos las cosas que hacemos, como esa de los chocolates *Reese* tamaño grande y los batidos de mantequilla de maní; o las relaciones poco saludables o lo que vemos tarde en la noche. Nos decimos a nosotros mismos: *Esto no perjudica a nadie... Fulano de tal también lo hace... Podría estar haciendo algo peor.* Pero la realidad es que cualquier área de nuestra vida que no esté completamente entregada y al alcance del Espíritu Santo creará un obstáculo.

La basura que retrasa nuestro crecimiento no siempre es pecado. En Hebreos 12:1, Pablo nos alienta a despojarnos «del lastre que nos estorba». Lo que esto significa es que el estándar para evaluar los hábitos en nuestra vida ya no depende de si algo «es justo», o si ¿es esto malo?, sino que debemos preguntarnos: *Esto, ¿me perturba o me controla?*

Santiago 4:17 señala: «Así que comete pecado todo el que sabe hacer el bien y no lo hace». Esto abre nuestros ojos a un concepto diferente de pecado, una definición que necesitamos. Si hay algo en ti con lo cual Dios comienza a tratar contigo, no te demores en obedecer. A veces la gran cosa que nos domina son las «posesiones materiales» o un problema con la bebida, ver pornografía u otro hábito destructivo. Pero otras veces son «cosas pequeñas» como los hábitos alimenticios, el uso del tiempo o la desorganización lo que nos quita el ímpetu en la vida. Cualquier cosa que nos haya dominado no solo nos estorba para seguir adelante sino que, si no se controla, también nos hará retroceder.

La espiral descendente

Hace varios años, prediqué una serie de mensajes sobre la libertad. Nuestra iglesia creó un sitio web donde las personas podían pedir oración de manera anónima por razones de privacidad. Mi corazón se quebrantó por el número de individuos cuyas vidas estaban siendo destruidas por secretos y fortalezas de las que no podían escapar.

Una solicitud de oración en particular me llamó la atención, puesto que muchas personas tienen una historia similar:

Nunca pensé que estaría tan atado a las drogas, especialmente a la cocaína. Yo era una chica que lo tenía todo. El verano pasado, después de mi primer año en la universidad, sufrí una situación extremadamente dramática; perdí casi todo, recurrí a las drogas, lo que me hacía sentir feliz... pero duró muy poco, hasta que todo comenzó a derrumbarse.

Las investigaciones han encontrado que en la actualidad el abuso de sustancias psicotrópicas causan más muertes, enfermedades y discapacidades que cualquier otro problema de salud prevenible en los Estados Unidos. Se estima que entre trece y dieciséis *millones* de personas necesitan tratamiento para el abuso de sustancias controladas[2]. La mayoría de las personas no solo se despiertan un día y buscan una adicción o un hábito destructivo que arruine sus vidas. Muchas veces las fortalezas que terminan destruyendo la vida de las personas comienzan como respuestas pequeñas, e incluso incipientes, a algún tipo de dolor o vacío.

Primera de Pedro 5:8 nos dice que el diablo ronda como un león buscando a alguien a quien devorar. Sus planes destructivos comienzan con el asecho continuo que mantiene con nosotros, buscando oportunidades o áreas de debilidad que pueda aprovechar. Cuando Satanás tentó a Jesús en el desierto y falló, la Escritura dice que «lo dejó hasta otra oportunidad» (Lucas 4:13).

Otra oportunidad es simplemente un momento en el que seamos vulnerables; en el que nuestras defensas estén débiles y podamos llegar a doblegarnos.

Hay cuatro momentos oportunos en los que debemos estar alerta:

1. Cuando las expectativas no son satisfechas.
2. Cuando estamos ante la adversidad irracional.
3. Cuando nos sobrevienen tentaciones inesperadas.
4. Cuando la obediencia falla.

Si el diablo es capaz de capitalizar el momento oportuno, puede ganar un punto de apoyo en nuestra vida. Si consigue ese punto de apoyo, puede convertirlo en una fortaleza. Cuando el enemigo se afianza en nuestra vida, da el primer paso de lo que llamo «la espiral de la destrucción», que tiene cinco etapas en total.

Etapa 1:
El enemigo gana un punto de apoyo.

Cualquier lugar en tu vida que no esté sincronizado con los principios de Dios es un posible punto de entrada para la estrategia destructiva del diablo. La vida de muchas personas es destruida por algo que comenzó ingenuamente. Un mensaje de texto, un correo electrónico, una prescripción legítimamente necesaria. Pero en algún momento, en un instante de debilidad, te rindes y cruzas la línea. Empiezas a traspasar los límites y dices: «Voy a hacerlo una sola vez» o «Solo una vez más». Antes de que te des cuenta, perdiste el control.

Etapa 2:
Comienzas a tratar de dejar de fumar, pero fracasas
y comienzas a sentirte sin esperanza.

Sientes que fracasaste, lo que aumenta la ansiedad y el dolor. Como resultado, comienzas a abrazar el hábito, la sustancia o la fortaleza aún más, recurriendo a ella para mayor bienestar. En esta fase, estás lidiando con la vergüenza y el odio por ti mismo. Empiezas a comprar mentiras del enemigo, generalmente sobre tu identidad y tu valor: *Soy un fracaso, nunca superaré esto... Ya lo eché a perder todo, qué más da, es mejor ceder... Dios debe odiarme por ser así.*

Etapa 3:
Cualquier cosa que amenace tu hábito se
convierte en una amenaza para ti.

En este punto, comienzas a proteger tu hábito a la vez que surge una sensación de negación. Estás luchando y alguien a quien amas te dice: «Estoy preocupado por ti» o «Creo que tienes un problema». Te pones a la defensiva, es posible que hasta te enojes, y ves a esa persona como tu enemigo. Por eso, empiezas a esforzarte por ocultar tu problema y a distanciarte de las personas que pueden confrontarte.

Etapa 4:
Tu hábito se convierte en parte de tu identidad.

¿Has notado cómo hablamos de las adicciones? Decimos: «Soy alcohólico... Ella es jugadora... Él es fumador». Creamos etiquetas para nosotros y para los demás en función de nuestros problemas. El objetivo de Satanás es lograr que personalices tu adicción y la conviertas en parte de lo que eres. Él quiere que te involucres en eso al punto que no puedas separar la adicción que tienes de la persona que eres. Él quiere que hagas de tu adicción tu identidad.

A veces aceptamos nuestro problema como parte de lo que somos, nos resignamos a esa identidad. Si tenemos un problema de alimentación, bromeamos al respecto para eliminar la tensión. Quiero animarte a que no te rindas ni te conformes con una vida definida por cierto conflicto o lucha. Tu problema no es tu identidad. No te identifica.

Es determinante que sepamos lo que somos en Cristo, no importa lo que sea con lo que podamos estar luchando. En vez de hacer que el alcoholismo sea parte de tu identidad y digas: «Soy alcohólico», creo que es mejor decir: «Soy hijo de Dios y estoy luchando contra el alcohol». Primero decimos: « Soy un hijo de Dios», porque eso es lo que somos en primera instancia. Lo que haces no define lo que eres. Piensa positivo y habla igualmente. No confieses cosas negativas en tu vida, ni siquiera en broma, porque nuestras palabras tienen influencia. Aunque hayas tratado con ese problema toda tu vida, puedes cambiar por el poder de Dios.

Etapa 5:
Empiezas a perder amigos, familia, dinero o salud, lo que hiere aun más tu lucha por tu autoestima.

Te sientes peor contigo mismo y alivias el dolor con la próxima dosis. Muchas veces, cuanto más se pierde, más profunda es la adicción. Cuanto más profundiza esta, más pierdes. La vida comienza a complicarse. Quizás hayas llegado al punto en que no puedas conservar un trabajo. Tus relaciones se están desmoronando y el dinero que consigues para sustentar tu hábito se desaparece rápidamente. Si esto sigue en ascenso, puedes llegar a un punto en el que estés en peligro literalmente de perderlo todo. Si te encuentras en esta quinta etapa, estás en una posición precaria, necesitas buscar ayuda y evitar que las cosas exploten.

La verdad es que es aquí donde el enemigo quiere llevarnos. Su objetivo siempre es robar, matar y destruir. Lo que él quiere, más que cualquier otra cosa, es interrumpir la misión de Dios aquí en la tierra. Si puede distraernos, mantenernos adictos o encerrarnos en un hábito negativo, él sabe que puede evitar que cumplamos el propósito de Dios y las tareas divinas que nos ha asignado asociadas a nuestra vida.

Comprender los objetivos del enemigo y nuestras propias vulnerabilidades puede ayudarnos a burlar los planes del diablo para descarrilarnos. No puedo enfatizar lo suficiente el valor de usar la sabiduría y permanecer obedientes a la Palabra de Dios, incluso en las «pequeñas cosas». Nos puede ahorrar mucho dolor y mantenernos encaminados en el plan que Dios tiene para nuestra vida.

El punto de inflexión

Por tanto, ¿qué debemos hacer si nos encontramos atrapados en un hábito o en una forma de vida que es inferior a lo que Dios quiere para nosotros? Quiero decir esto claramente: Si piensas que las cosas ya te sobrepasaron, es posible que necesites asesoramiento profesional. No tienes que avergonzarte por buscar la ayuda que necesitas. Hay muchos profesionales extraordinarios que pueden ayudarte a caminar a través del proceso de libertad y curación. Por eso te animo a que realmente agarres e implementes las claves para cambiar el pensamiento de las que hablamos en el capítulo 4: oración y ayuno, la Palabra de Dios y un ambiente eclesiástico lleno del Espíritu Santo.

Terminar con un mal hábito o adicción, no es algo fácil. No deseo minimizar tu lucha ni hacerla parecer simple en cualquier consejo que te brinde. Sin embargo, creo que estos tres «pasos para comenzar» pueden ayudarte a empezar a avanzar hacia la libertad.

1. **Admite la verdad.** *Juan 8:32 dice que la verdad nos hará libres.* Tenemos que dejar de dar excusas y culpar a otras personas por el estado en que nos encontramos. Admitirlo es el primer paso para abandonarlo. No podemos solucionar un problema que no reconocemos. Ve a Dios y acepta que tienes un problema y que necesitas su ayuda. Él ya lo sabe, así que no te avergüences de acudir a Él. La confesión es poderosa. *La Biblia dice que cuando confesamos nuestro pecado, Dios nos perdona y nos limpia de toda maldad (1 Juan 1:9).* Somos nosotros los que nos beneficiamos al admitir nuestras luchas delante de Dios. También te recomiendo que compartas tus luchas con las personas apropiadas. Lo que crece en la oscuridad muere

en la luz. Llevar tu lucha a la luz es el primer paso hacia la libertad.

2. **Abandona el hábito.** Si hay algo o alguien que te lleva a la adicción, o a eso que te domina, corta los lazos por completo. Si es tu proveedor o una persona la que te induce, desconéctate de esa relación. Hazlo efectivo inmediatamente. Sin excepciones. Sin contacto. No son tus amigos. Si sigues pecando sexualmente con la misma persona, dile que se acabó, luego borra su número de tus contactos. Sin mensajes de texto. Sin correos electrónicos. Sin conexión. Sin salidas. Nunca más. ¿Ves pornografía? Bloquea los sitios de la red que visitas y descarga una aplicación que te rastrea y envíe un informe a un amigo de confianza que te pida cuentas. Debes elegir esta nueva forma de vida. Haz lo que sea necesario para cortar los lazos. Sí, parece extremo pero no importa, tu futuro lo vale. Tu futuro *depende* de eso.

3. **Rinde tu vida.** Rendirse simplemente significa «ceder». Esto es parte de la fórmula divina para el éxito. La Biblia nos da dos formas clave en que rendimos nuestra vida. *Santiago 4:7 nos dice: «Someteos, pues, a Dios. Resiste al diablo, y él huirá de ti».* Efesios 5:21 *afirma que nos «sometamos unos a otros por reverencia a Cristo».* Primero hay una «sumisión vertical» en la que sometemos nuestra vida a Cristo y nos rendimos a Él. Eso significa que obedecemos la Palabra de Dios y nos ocupamos de los problemas que Él nos induzca a cambiar. Pero luego hay una «sumisión horizontal» en la que tenemos personas que tienen entrada en nuestro mundo. Hemos abierto nuestra vida a ciertas personas, deliberadamente, y les hemos dado permiso participar en nuestros asuntos y que

nos digan la verdad aunque nos incomode. Las posibilidades de evitar la espiral de destrucción aumentan dramáticamente cuando cedemos nuestra vida a un grupo de personas confiables y saludables.

Avergüénzate

Muchas veces, cuando las personas caen en un hábito o en un estilo de vida destructivo, se alejan de Dios, de la iglesia y de los cristianos porque temen ser humillados y rechazados. Por desdicha, hay mucha vergüenza asociada a los problemas agobiantes de la vida, especialmente en el ambiente cristiano.

Sin embargo, si leemos Juan 8:1-11, vemos una historia asombrosa. Esta muestra el amor de Jesús por nosotros cuando estamos atrapados en una forma de vida poco saludable. Jesús acudía al templo temprano en la mañana, preparándose para enseñar, cuando entraron los fariseos y los maestros de la ley, arrastrando a una mujer que había sido capturada en el acto de adulterio. Ellos querían atrapar a Jesús y encontrar algo que pudieran usar en su contra. Si Él decía que debían dejarla ir, ellos dirían que despreciaba la ley. Si Él apoyaba la ley, que pedía la lapidación, él habría causado un gran revuelo por la muerte de ella.

En vez de seguirles el juego a los fariseos, Jesús se inclinó y escribió en la tierra. Hay varias teorías sobre lo que escribió. Mucha gente cree que pudieron haber sido los pecados de los hombres que estaban acusando a esa mujer. Lo que sí sabemos con certeza es que en un momento cambió por completo la atmósfera. Cuando Jesús se levantó de escribir en la tierra, se volvió hacia la multitud y dijo: «¡El que esté libre de pecado arroje la primera piedra!» Uno por uno, los acusadores de la mujer se alejaron. Finalmente, solo quedaban los dos. Como dijo Agustín, «los dos se quedaron solos, la *miserable* y el *Misericordioso*».[3]

Jesús, para culminar ese episodio, dijo estas maravillosas palabras: «*Tampoco yo te condeno.* Ahora vete, y no vuelvas a pecar» (Juan 8:11, énfasis agregado). La lección aquí es esta: *la religión rechaza, Jesús restaura.*

En el momento más vil de su vida, cuando ella estaba llena de vergüenza y humillación, Jesús le mostró su amor, su gracia, su misericordia y le ofreció una nueva oportunidad de vida: la oportunidad de aprovechar la restauración. *Así como lo hace por ti y por mí.*

Esta historia resume el deseo de Dios con aquellos que están enredados en una vida que necesitan dejar atrás. Él no está enojado contigo. Él te ama. Él no te ha abandonado. *Pero te está llamando a algo mejor.*

Tres expresiones pequeñas y sencillas de Jesús nos muestran cuáles son nuestros próximos pasos:

«Vete»

Esta es una palabra de acción. Alguien dijo una vez que el nombre de Dios implica movimiento. Y esta palabra, vete, simplemente significa que ella debía moverse. Debía comenzar a dar pasos hacia adelante. Para nosotros, significa que es hora de presionar el botón de reinicio y entrar en una nueva temporada.

Me imagino que, para esta mujer, el momento en que estaba allí frente a Jesús y todos esos hombres debe haber sido el punto más bajo de su vida. Pero también se convirtió en el punto de inflexión. Nuestros puntos más bajos tienen la oportunidad de convertirse en puntos de inflexión —en momentos decisivos—, *si estos nos impulsan a la acción.*

Algunas veces creemos que los efectos destructivos solo llegan a nuestra vida a través de las acciones, pero la verdad es que a veces no estamos donde queremos llegar en la vida porque *no* hemos actuado; no hemos hecho lo que se necesita para llegar allí. El presidente John F. Kennedy dijo: «*Hay riesgos y costos para la acción. Pero son mucho menos que los riesgos a largo plazo de una cómoda inactividad*».[4]

Tienes que salir de algo viejo antes de poder entrar en lo nuevo. Jesús entró en el mundo de la mujer adúltera para que ella pudiera salir de allí. En vez de centrarse en su pasado, Él le señaló la dirección de su futuro. Le dijo que olvidara la vergüenza y avanzara. Ella era culpable, pero no fue condenada. Ella estaba en libertad de *irse*. Y tú también.

«Ahora»

Esto es acerca del tiempo. Hay un refrán popular que dice: «El tiempo lo es todo». Dicho que es especialmente cierto aquí. Debemos irnos *ahora*. No mañana, no la próxima semana, no el próximo año. No cuando terminemos una tarea importante, cuando finalicemos con el vicio o cuando le veamos el fondo a la botella. No cuando las finanzas sean mejores o cuando los hijos vayan a la universidad. El tiempo es ahora.

La clave es crear el tiempo de respuesta más corto posible. Tenemos que hacer los cambios que sabemos que debemos realizar ahora mismo, sin esperar otro día.

«Porque Dios dice: "En el momento propicio te escuché, y en el día de salvación te ayudé". Les digo que este es el momento propicio de Dios; *¡hoy es el día de salvación!*» (2 Corintios 6:2, énfasis agregado). La palabra *salvación* simplemente *significa* «*ser rescatado*». La palabra griega original refleja la imagen de algo que es arrebatado de las llamas. La implicación es que el tiempo es esencial. ¿Esperarías hasta mañana si estuvieras atrapado en una casa incendiándose? Lo dudo. Entonces no esperes y escoge la libertad.

Solo hay una opción entre nosotros y el comienzo de una nueva vida: la decisión de cambiar. Nadie más puede hacerlo por nosotros. Tenemos que hacerlo por nosotros mismos. El legendario entrenador de baloncesto John Wooden dijo: «*El fracaso no es fatal, pero no querer cambiar podría serlo*».[5] Una decisión podría mejorar el resto de nuestra vida.

«Dejar»

El perdón viene con un llamado. Viene con algo de responsabilidad. Jesús dijo: «No vuelvas a pecar», es decir: deja de pecar. El Maestro perdonó el pecado de la mujer, pero también la instó a que saliera de él. El perdón es un llamado a salir del pecado hacia algo mejor. Una invitación a salir de nuestra situación actual y entrar en una nueva, diferente, mejor.

Es verdad que cada vez que se lo pedimos, Dios nos perdona, ¡no importa cuántas veces necesitemos perdón! Es asombroso y poderoso. Pero por grande que sea el perdón de Dios, lo que realmente quiere darnos es libertad. La gracia de Dios nos permite dejar una forma de vida. No solo debemos ser perdonados, ¡podemos ser libres!

La gracia de Dios nos da el poder para alejarnos de cualquier cosa que nos impida avanzar. La gracia es poder de Dios para que seamos lo que Él nos ha llamado a ser y hacer. Hay una brecha entre lo que somos y lo que Dios nos ha llamado a ser, pero no tenemos que tratar de cerrarla con nuestro esfuerzo. La gracia es lo que nos ayuda a llegar al lugar que Dios quiere para nosotros. De nuevo, no puedo exagerar el poder de «la parte de Dios y mi parte» cuando de lo que se trata es de vencer los hábitos y fortalezas en nuestra vida.

El camino que nos aleja de las cosas que nos impiden avanzar no siempre es fácil y el cambio no ocurrirá de la noche a la mañana. Cualquier cosa que valga la pena tiene un precio. Pero el precio de la libertad siempre es menor que el costo de la adicción o los problemas que controlan la vida.

Nuestros viejos hábitos y obsesiones no tienen que manejar nuestra existencia. Jesús «*dio su vida para comprarles la libertad a todos*» (1 Timoteo 2:6, NTV). Hay mucha esperanza en eso. Por el gran amor que siente por nosotros, Dios se nos acerca y nos ofrece la oportunidad de avanzar para alcanzar la libertad.

Evalúa. Elimina. Elévate

Evalúa: ¿Hay algún área de tu vida que necesites restaurar? (Una inseguridad, un hábito, una relación.)

Elimina: ¿Hay algo en tu vida que te domine? Si estás luchando con un hábito poco saludable o un comportamiento adictivo, tenemos un pequeño cuestionario para ayudarte a averiguar si estás dominado por eso:

1. ¿Piensan tu familia y tus amigos que tienes un problema?
2. ¿Continúas en eso a pesar de que te estás lastimando a ti mismo o a otras personas?
3. ¿Organizas tu agenda con respecto a eso?
4. ¿Puedes pasar una semana sin eso?
5. ¿Te está conduciendo al aislamiento?
6. ¿Estás tratando de mantenerlo en secreto?

Si respondiste «sí» a tres o más preguntas, es probable que estés siendo dominado por un problema. Si es así, sigue los pasos necesarios para comenzar tu marcha hacia la libertad.

Elévate: ¿Cuál es un paso práctico que debes dar para iniciar el proceso de «restauración»?

(Tristemente, algunas personas están tan dominadas que se rinden por completo. Se pierden demasiadas vidas como resultado de la adicción, la depresión y el suicidio. El peso de su carga se hace tan pesado que no les parece sensato seguir adelante o creen que no pueden continuar. Si estás pasando por algo así, por favor, no sufras solo. Habla y busca ayuda. Aunque el presente y el pasado hayan sido extremadamente dolorosos, Dios puede ayudarte a avanzar y a encontrar la esperanza de nuevo.)

Capítulo 6

Acceso restringido

Enójate, después olvídalo.

Colin Powell

Crecí con tres hermanas mayores que me amaban con locura. En nuestra convivencia, si había algo que me irritaba era cuando entraban a mi cuarto. Estaba en una posición envidiable porque, como era el único varón, tenía mi propia habitación. Mis hermanas se ponían de acuerdo para armar un plan en el que una de ellas me sacaba de mi habitación y otra entraba corriendo, cerraba la puerta con llave y empezaba a revisar todas mis cosas. ¡Eso me enloquecía!

Después de un tiempo, me las arreglé y descubrí el secreto para derrotarlas. Tan pronto como supe que el plan estaba andando, volví corriendo a mi habitación y, antes de que mi hermana pudiera cerrar la puerta, ponía mi pie en el medio.

No importaba lo fuerte que golpeara, no había manera de que pudiera cerrar la puerta con mi pie adentro. Claro, podría haber dolido un poco, pero con un zapato puesto, el pie estaba protegido.

Sabía que arreglar mi regreso a la habitación no requería mucho. Todo lo que tenía que hacer era meter el pie en la puerta.

Así es exactamente como el enemigo trata de usar la ira en nuestra vida. Efesios 4:26-27 nos advierte: «Además, no pequen al dejar que el enojo los controle. No permitan que el sol se ponga mientras siguen enojados, porque el enojo da lugar al diablo». Algunas personas asumen que toda la ira es mala, pero este pasaje nos muestra que es posible enojarse y aun así no pecar. La ira, en sí misma, no es pecaminosa, es a lo que ella *nos lleva* lo que puede ser pecaminoso.

Cuando observamos las Escrituras, vemos que hay dos tipos de ira, la santificada y la pecaminosa. La ira santificada es cuando nos enojamos por algo que desagrada a Dios y hace algo bueno al respecto. La ira pecaminosa es cuando nos enojamos por algo que, importe o no, nos lleva a actuar de una manera errónea.

La ira santificada

Cuando nos enojamos por lo que es correcto, la ira puede ser una fuerza poderosa para bien. Martín Lutero dijo: *«Cuando me enojo, puedo orar bien y predicar bien».*[1] La historia ha sido escrita en gran parte por personas cuya justa ira y acción crearon puntos de inflexión que cambiaron significativamente el futuro. Incluso Jesús se enojó y sabemos que nunca pecó. En Marcos 3:4-5 vemos un gran ejemplo de ira santificada o justa cuando el Señor se enfrentó a los fariseos que esperaban acusarlo de haber sanado en sábado:

> Luego se dirigió a sus acusadores y les preguntó: «¿Permite la ley hacer buenas acciones en el día de descanso o es un día para hacer el mal? ¿Es un día para salvar la vida o para destruirla?» Pero ellos no quisieron contestarle.

Jesús miró con enojo a los que lo rodeaban, profundamente entristecido por la dureza de su corazón. Entonces le dijo al hombre: «Extiende la mano». Así que el hombre la extendió, ¡y la mano quedó restaurada!

La ira de Jesús lo impulsó a enfrentar un problema y a hacer algo bueno para arreglarlo. Si no nos enojamos un poco con algunas cosas negativas —especialmente con las áreas de nuestra vida que no agradan a Dios—, entonces es probable que estemos satisfechos. La complacencia (o transigencia) es una de las estrategias más exitosas del enemigo para evitar que las personas prosperen y avancen en la vida. Si el enemigo puede mantenernos conformes, puede evitar que cumplamos el propósito del reino de Dios en la vida.

La complacencia mata nuestro llamado porque nos impide perseguir las cosas que necesitamos para crecer y prosperar. Cuando somos conformistas, los talentos que Dios nos da se atrofian dentro de nosotros y no aprovechamos las oportunidades diseñadas para avanzar.

Creemos que el enemigo tratará de desviarnos significativamente del camino llevándonos a pecar de manera terrible. Sin embargo, se alegra mucho cuando seguimos en el camino correcto, pero de una manera tan complaciente que no alcanzamos la plenitud del llamado que tenemos.

Esta historia sobre Jesús nos muestra que es correcto enojarse. Es más, *algunos* debemos hacerlo. ¿Está sufriendo tu matrimonio? ¿Está una relación insana perturbando tu caminar con Dios? ¿Sabotean tu futuro los problemas de tu pasado? Entonces es posible que tengas que enojarte. No con tu cónyuge. No contigo mismo. No con las personas que te han lastimado. Debes enojarte con el enemigo que está tratando de socavar tu fuerza, tu salud y tu éxito con sus planes.

La ira santificada puede provocar un «momento decisivo» en el que digamos: *Ya basta. Voy por el cambio.* Puede producir un punto de inflexión que nos obligue a luchar por la visión y el llamado que tenemos.

La ira pecaminosa

Observa que Pablo afirma: *«No permitan que el sol se ponga mientras siguen enojados, porque el enojo da lugar al diablo»* (Efesios 4:26-27). La ira se convierte en un problema cuando no se resuelve. En el griego original, la frase *dar lugar* significa *«espacio, habitación».*[2] Lo que hace que la ira no resuelta sea tan peligrosa es que abre una puerta emocional a la habitación de nuestro corazón.

Así como el pie me permitió ganar la batalla contra mis hermanas e impedirles que entraran a mi habitación, la ira es el «pie» en la viga de la puerta que la mantiene abierta para que el enemigo pueda entrar en nuestra vida. Proverbios 25:28 lo expresa de esta manera: «Como ciudad sin defensa y sin murallas es quien no sabe dominarse».

Cuando la ira pecaminosa nos controla, permitimos que el enemigo nos ponga en una posición autodestructiva, puesto que esa clase de ira casi siempre lleva a malas decisiones. A palabras duras que hieren profundamente. A decisiones violentas que causan resentimiento. A juicios emocionales basados en sentimientos más que en los hechos. Una fracción de segundo con enojo puede producir decisiones que lamentemos toda la vida.

Los desechadores y los acumuladores

La mayoría de nosotros lidiamos con la ira en una de dos maneras: la «desechamos» o la «guardamos».

Los que desechan la ira —o desechadores— son las personas que expresan su enojo y, simplemente, lo dejan ir. Cuando están enojados, lo puedes detectar. Explotan como un volcán que arroja emociones y palabras tóxicas sobre todos los que estén cerca. Con ello tienden a sentirse mejor de inmediato y siguen adelante triunfantes, pero arrasan con todo a su paso y, un poco más tarde, se sienten tristes y luchando por recuperarse de su mordaz arrebato emocional y verbal. Proverbios 29:11 nos recuerda lo siguiente: «*El necio da rienda suelta a su ira, pero el sabio sabe dominarla*».

Los que guardan la ira —o acumuladores—, por otro lado, son personas que almacenan todo y lo amontonan en su interior. Por fuera aparentan estar autocontrolados, pero en su interior están hirviendo. Repasan cada detalle, planifican su respuesta y formulan su argumento. Los acumuladores tienden a tener más dificultades para avanzar después de una pelea porque lo mantienen todo vivo, como si hubiera sucedido momentos atrás. Su enojo puede durar años. El Salmo 32:3 dice: «Mientras guardé silencio, mis huesos se fueron consumiendo por mi gemir todo el día».

Desechar y acumular son hábitos peligrosos puesto que son resultado de ceder a la carne. Los desechadores necesitan disciplinarse para filtrar sus respuestas y calmarse antes de hablar o actuar. Los acumuladores deben aprender a comunicarse de manera amplia y franca, en vez de guardarse todo.

El alto precio de la ira

Acumular ira y otras emociones negativas en el interior es demasiado perjudicial emocional, relacional, física y espiritualmente. Cuando sentimos ira, esta crea una serie de reacciones químicas que afectan nuestro organismo en lo físico. Los derivados químicos de la ira son tóxicos si se producen continuamente. La ira constante, literalmente, nos envenena de adentro hacia afuera.

El doctor John Barefoot realizó un estudio de seguimiento por veinticinco años entre doscientos cincuenta y cinco estudiantes de medicina que reveló que las personas que obtuvieron los puntajes más altos en cuanto a hostilidad, en las pruebas de personalidad, tenían cinco veces más probabilidades de morir debido a una enfermedad cardíaca que los compañeros que eran menos hostiles. El estudio también reveló que tenían siete veces más probabilidades de morir antes de los cincuenta años.[3]

Cuando la Biblia nos da instrucciones para que resguardemos el corazón, perdonemos o enfrentemos el enojo rápidamente, es por nuestro propio bien. No solo por el bien de nuestra salud espiritual, sino también por la salud física y emocional. Incluso la mejor medicina moderna para nuestros cuerpos no puede solucionar los problemas del alma.

En su libro *Deadly Emotions*, Don Colbert describe un ejemplo específico de eso. Explica el modo en que el cuerpo interpreta las emociones tóxicas como la ira, la amargura y el estrés. Cuando el estrés es constante, el sistema inmune entra en sobremarcha, como si el acelerador estuviese atascado en alta velocidad todo el tiempo. El sistema inmune no solo ataca a las bacterias, los virus, los parásitos, los hongos y las células cancerosas, también agrede a las células sanas, lo que al final produce enfermedades autoinmunes inflamatorias como la artritis reumatoidea o el lupus.

Él cuenta la historia de una mujer de mediana edad, llamada Lois, que llegó a su oficina con la esperanza de encontrar alivio para el leve dolor de artritis que tenía en sus dedos. Él le prescribió un antiinflamatorio común para su dolor, que le proporcionó mejoría por un tiempo, pero pronto su condición empeoró. Los análisis de sangre confirmaron que Lois tenía artritis reumatoidea y la remitieron a un reumatólogo para que recibiera atención especializada.

Como parte de su examen físico inicial, el doctor Colbert le preguntó a Lois acerca de su historia personal. Ella reveló que estaba en un momento difícil y estresante, saliendo de un divorcio doloroso. Después de treinta años de matrimonio, su esposo decidió dejarla por una mujer mucho más joven. En un abrir y cerrar de ojos, todo en la vida de Lois cambió en forma dolorosa. Su matrimonio había terminado y ella estaba sola. En lugar de una gran mansión y un lujoso automóvil, ahora tenía un departamento diminuto y un automóvil usado no muy agradable. Lois había disfrutado de un estilo de vida muy opulento, pero ahora apenas podía cubrir sus gastos.

El doctor Colbert recordó la inesperada amargura y enojo que se desató cuando Lois comenzó a hablar sobre el divorcio:

Cuando mencionó el nombre de su exmarido, el semblante tierno y dulce de Lois cambió dramáticamente. Su rostro se retorció con un gruñido. Con profunda ira en voz baja, casi susurrante, me dijo que odiaba a su marido y que le deseaba la muerte. Cuanto más hablaba, sus ojos parecían hacerse más pequeños y su mirada más desafiante. En realidad, sonreía mientras me decía cuánto deseaba que muriera y no con una muerte pacífica. Quería que él perdiera la vida dolorosamente y que sintiera un sufrimiento aún mayor que el que ella tenía. Rara vez había encontrado tanta amargura y resentimiento en un paciente...

Ciertamente, Lois tenía muchas razones para estar amargada. Pero las razones no producen amargura. Lo que la produce son las actitudes...

A pesar de lo que le recetó el especialista, la condición de Lois solo empeoraba a medida que pasaban los meses y los años.[4]

Proverbios 14:30 declara: «El corazón tranquilo da vida al cuerpo, pero la envidia corroe los huesos». Por desdicha, mucha gente lidia con su enojo de la misma manera que Lois y vive con dolorosas consecuencias emocionales y físicas. Por supuesto, no todas las enfermedades son causadas por emociones negativas, pero sería insensato ignorar lo que tanto la Biblia como la ciencia confirman: los problemas en el corazón y la mente afectan directamente a nuestro cuerpo físico.

El plan de acción

Es probable que pienses: *Sí, esto es genial y todo, pero ¿qué debería hacer cuando me enojo?*

Para ser franco, ha habido ocasiones en que respondo sin pensar a un acalorado correo electrónico o digo lo primero que me llega a la mente en una discusión. He fracasado en este aspecto, pero estoy aprendiendo a actuar en medio de las emociones tempestuosas, de manera que pueda arrepentirme. A continuación tenemos un pequeño patrón que nos ayuda a mantener la calma y tomar buenas decisiones aun en medio de emociones acaloradas.

1. Paralízate

Haz una pausa antes de actuar, aunque sea una fracción de segundo. Hay un viejo proverbio chino que dice: *«Si eres paciente en un momento de ira, escaparás de cien días de dolor»*. Cuando Abraham Lincoln sentía que sus emociones brotaban y era tentado a descargar en alguien todo ese cúmulo de emociones, lo hacía escribiendo lo que llamaba una «carta caliente». Liberaba con frialdad su frustración y su enojo en una carta, para luego dejarla a un lado. Después de que se calmaba, volvería a la carta y escribiría en ella: «Nunca enviada. Nunca firmada». Gracias a esa sabia práctica, el general George G. Meade no tuvo que leer la carta que atribuía el peso de la culpa de Lincoln a la fuga de Robert E. Lee después de Gettysburg.[5] Así que, presiona el botón de pausa antes de enviar una respuesta incorrecta.

2. Filtra

Horacio, el antiguo poeta romano, dijo: *«La ira es una breve locura»*. Y realmente lo es: la ira puede impulsarnos a hacer cualquier tipo de locura que normalmente no haríamos. La lógica y la razón son lo primero que debemos considerar cuando nos enojamos. Debemos obligarnos a desacelerar y filtrar nuestros pensamientos de manera lógica y racional para evitar juicios emocionales instintivos de los que tengamos que arrepentirnos más tarde. Para ello debemos preguntarnos: ¿Vale esto realmente otro segundo de mi tiempo? ¿Tiene esto importancia para mí o estoy buscando una insensata liberación emocional? Siempre es útil tratar de ver las cosas desde el punto de vista de la otra persona. Debemos hacer un hábito el filtrar nuestros pensamientos a la luz del panorama general antes de convertirlos en palabras o acciones.

3. Pelea

Tal vez estés pensando: *Espera, ¿no es la pelea algo que se supone que debemos evitar?* En realidad, cuando nuestra ira arde por dentro, incluso después de que nos paralicemos por un momento y filtremos los pensamientos y las emociones, probablemente aún tengamos una pelea en nuestras manos. Solo tenemos que elegir la pelea correcta.

En verdad, hay dos opciones cuando nos enojamos. La eliminamos y seguimos adelante, o abordamos el problema. Ambas cosas requerirán una «pelea», aunque no del mismo tipo. Soltarlas usualmente demanda una batalla dentro de nosotros mismos; luchamos contra la tentación de dejar que los pensamientos y las emociones enfermizas y enojadas nos controlen. O bien, si el problema necesita alguna resolución, debemos elegir «luchar limpio» y participar en una interacción saludable dirigida a resolver el problema. ¡Las palabras clave son *pelea justa*! El conflicto es inevitable, pero no tiene por qué ser perjudicial o devastador. En realidad, puede producir un crecimiento saludable si se trata de forma adecuada.

Pelea justa

Hay un pequeño consejo que Leslie y yo siempre tratamos de recordar, y que constantemente comunico a los jóvenes recién casados: a veces, lo mejor es no decir nada. Cuando estás en plena «discusión», siempre hay un momento en el que sabes que puedes dejar el tema y, simplemente, olvidarlo; o puedes abordarlo y comenzar a despotricar. Aprende a distinguir dónde está el límite y no cedas ante el deseo carnal de cruzarlo. «Iniciar una pelea es romper una represa; *vale más retirarse que comenzarla*» (Proverbios 17:14, énfasis agregado). No tenemos que morder el anzuelo cada vez que la ira se presente.

A veces, sin embargo, nos topamos con problemas que legítimamente necesitan ser discutidos y trabajados. Si necesitas hablar de algo, asegúrate de establecer pautas para mantener la lucha sana y justa.

1. **Busca el momento apropiado.** Si necesitas hablar de algo, no te dejes llevar por el arrebato. Usa la sabiduría para elegir el momento adecuado. Algunas veces evita:

   - *Los momentos agobiantes.* No inicies una pelea cuando uno o ambos contendores estén cansados y en su peor momento (tarde en la noche, después de un largo día, etc.).

   - *El calor del momento.* Tómate un tiempo para que las cosas se enfríen antes de iniciar una discusión. Eso ayuda a que ordenes tus emociones de modo que puedas comunicarte con claridad y sensatez.

   - *Los mensajes de texto o los correos electrónicos.* Si es posible, trata de lidiar con el conflicto en una conversación frente a frente.

2. **Cuida tus palabras.** Groucho Marx dijo: «Si hablas cuando estás enojado, harás el mejor discurso del que siempre te arrepentirás». Las palabras enfadadas son fáciles de decir, pero es difícil deshacer el daño que causan. Son como semillas que se implantan en los corazones de las personas.

   La verdad es que puedes edificar a alguien incluso en una situación difícil. Desecha los absolutos y la exageración excesiva, como por ejemplo: «siempre» y «nunca». Compórtate con humildad y discúlpate con rapidez. Lo más importante es que no solo digas lo que te venga a la mente. «La respuesta amable calma el enojo, pero la agresiva echa leña al fuego» (Proverbios 15:1).

   Consejos para conversaciones difíciles:

   - No le arranques la cabeza a la otra persona cuando sea franca contigo.

   - No seas tan frágil que no puedan hablarte porque teman que te desmorones.

- No las apagues. Sé lo suficientemente valiente como para enfrentar las conversaciones difíciles.

3. **Mantén el objetivo.** Necesitamos «avanzar» y participar en un diálogo saludable y que resuelva los conflictos. La meta siempre debe estar dirigida a progresar, lograr la paz y mejorar la salud de la relación o la situación. No luchamos por «ganar» o buscar una salida a las emociones acaloradas. Unas veces hay que aceptar el desacuerdo y decidir volver a retomarlo en otro momento. Pero otras, lo mejor que se puede hacer es evitar ser demasiado sensible y darle a la gente un pequeño espacio para que cometa sus errores como cualquier humano.

A medida que nos disciplinemos para procesar nuestra ira de una manera saludable, mejoraremos cada vez más y tomaremos buenas decisiones en medio de las situaciones cargadas de emociones. Eso puede ahorrarnos mucho dolor y resentimiento.

Una raíz de la Ira

Todos nos enojamos. Es normal. Pero si luchas constantemente con la ira interna o si tu rabia aumenta con frecuencia o escala a rangos mayores, puede haber un problema más profundo que tratar. Eso es lo que podríamos llamar *«una raíz de ira»*. A veces, la ira no es tanto un asunto de autocontrol sino de dolor. Los problemas de ira más serios provienen de una herida interna que no se ha curado. Abuso de cualquier tipo, rechazo, experiencias traumáticas en la niñez, muerte de un ser querido, pérdida de una relación significativa, uno de los progenitores con una adicción, negligencia y pobreza severa son solo algunas de las experiencias que pueden producir un enojo profundamente arraigado.

Esta ira profundamente arraigada también puede generar otros conflictos emocionales como el perfeccionismo, la necesidad de controlar, la inseguridad, la baja autoestima, el cinismo y la crítica, la promiscuidad y las emociones «explosivas» (una reacción emocional repentina que es más intensa que lo que una respuesta normal debería ser).[6]

Cuando la ira se reprime en vez de resolverse, puede continuar afectándonos en formas muy palpables. Puede sabotear las relaciones, dificultar el trabajo e incluso afectar nuestra salud. Sin embargo, por más dolorosas que sean las consecuencias de la ira en nuestras propias vidas, la realidad es que no somos los únicos a quienes afectan nuestros problemas. La ira puede herir profundamente a las personas que nos rodean, especialmente a los cónyuges e hijos. Nunca es bueno herir o abusar de las personas, física, verbal ni mentalmente. Si estás cercano a ese punto, debes detenerte, pedir perdón y buscar ayuda.

Más que nada, debes tratar con la raíz. A menudo, la solución a un problema de enojo no es manejar el comportamiento de manera más efectiva, sino encontrar sanidad para las heridas y los problemas no resueltos. El novelista inglés Edward G. Bulwer-Lytton dijo: «*La ira ventilada a menudo se apresura hacia el perdón; y en lo oculto a menudo recrudece en venganza*».[7]

Tratar con la raíz puede requerir que des un paso que nunca has dado. Tal vez sea admitir el dolor y la herida que te causó algo en el pasado. Buscar alivio por una pérdida que te haya enojado y herido. Olvidar un deseo de venganza. Dejar de lado la culpa.

Si meditas en la historia de Lois, verás que ella dejó que un acontecimiento definiera el resto de su vida. Permitió que una desgracia extremadamente dolorosa como su divorcio, creara otra tragedia: una vida de hostilidad y amargura. Al optar por permanecer enojada, ella se despojó de cualquier disfrute que pudiera haber tenido en sus últimos años.

Ciérrale la puerta a la ira

Si la ira ha constituido una lucha significativa y persistente en tu vida, no esperes otro día para abordarla. Te animo a seguir estos tres pasos:

1. **Admite el dolor.** Reconocer nuestro dolor es el primer paso para recibir sanidad. Si nos negamos a reconocer una herida, o si la mantenemos fuera del alcance de Dios, es muy difícil que se cure.

2. **Pide ayuda.** Ruega a Dios que sane tu herida y te ayude a liberarte de la ira y la amargura. Muchas personas buscan un consejero que les ayude por un tiempo a navegar mejor en el proceso de curación.

3. **Rinde todo.** A veces nos aferramos a la ira porque sentimos que tenemos «derecho» a hacerlo. Pero en definitiva no es correcto, porque Dios dice que no debemos dejarla sin resolver. Dejar ir la ira requiere muchas cosas: humillarse uno mismo, tragarse el orgullo y elegir el camino de Dios por encima del propio. No es fácil, pero eso puede cambiar tu vida.

No permitas que el enemigo tenga acceso fácil a tu vida a través de la ira enfermiza. Recuerda, cualquiera sea el motivo por el que estés enojado, la ira pecaminosa no soluciona nada. Cuando te rindes y decides acabar la ira, Dios puede ayudarte a avanzar, a sanar tu corazón y a restaurar tu vida.

Evalúa. Elimina. Elévate

Evalúa: ¿Hay situaciones en tu pasado o tu presente por las que estés enojado o resentido? Aunque creas que no las hay, tómate un minuto y examina tu corazón, pidiéndole a Dios que te muestre en qué lugares podría haber ira o resentimiento ocultos.

Elimina: ¿Hay algún hábito poco saludable que tengas cuando se trata de enfrentarte a la ira o al conflicto (explotar, acumular, etc.)?

Elévate: ¿Qué paso útil puedes dar para comenzar a manejar la ira de una manera más saludable y que honre a Dios?

Capítulo 7

Abre la puerta
(y bota la llave)

La vida es una aventura de perdón.

Norman Cousins

La mayor esperanza de Nelson Mandela era ver a Sudáfrica convertirse en un lugar donde todas las personas pudieran «vivir juntas en armonía y con igualdad de oportunidades». En 1964, fue encarcelado por resistirse al *apartheid* (que significa «aislamiento»), y permaneció allí durante veintisiete años. Cuando finalmente fue liberado, había pasado más de un tercio de su vida encarcelado. Durante ese tiempo, su madre y uno de sus hijos murieron, y no se le permitió asistir a ninguno de los dos funerales.[1] A pesar de las dificultades y las injusticias que sufrió, al hablar de su tiempo en prisión, afirmó: «Cuando caminé hacia la puerta que conduciría a mi libertad, sabía que si no dejaba atrás mi amargura y mi odio, aún estaría en la cárcel».[2]

Prisión. Es la descripción perfecta de lo que la falta de perdón hace a nuestra vida. En efecto, ese es el reflejo perfecto de nosotros descrito en Proverbios 18:19 (NTV): «Un amigo ofendido es más difícil de recuperar que una ciudad fortificada. Las disputas separan a los amigos como un portón cerrado con rejas». Vamos a extraer tres frases de este versículo que nos ayudan a comprender la devastación que produce la falta de perdón y luego desglosaremos algunas verdades valiosas para resguardarnos de ella.

La primera frase es: *un amigo ofendido*.

Verdad # 1:
La falta de perdón te mantendrá encerrado.

Una de las palabras que la Biblia usa para *ofensa* es el vocablo griego *skandalon*. Este refleja la imagen del disparador de una trampa para animales en la que se coloca el cebo.[3] Cuando el animal anda en su ronda, se ve atraído por el señuelo del cebo. Si cede al engaño y muerde la carnada, la trampa se cierra de golpe, con el ingenuo animal dentro.

Esa es la imagen de lo que sucede cuando guardamos ofensas o falta de perdón en el corazón. Y es muy importante para entender el contexto en lo que se refiere a avanzar en la vida, puesto que la falta de perdón siempre tiene el efecto contrario. Esa falta nos mantiene en los momentos en que más nos hirieron, convirtiéndonos en prisioneros del pasado. Actúa como una cadena alrededor de nuestro corazón que nos conecta de manera constante con la persona o la situación que nos lastima. Por mucho que deseemos avanzar, es imposible hacerlo. La falta de perdón en cuanto a esas situaciones dolorosas es lo que nos mantiene atados.

La mala semilla

Me he dado cuenta de este pequeño patrón cuando me sucede algo doloroso y creo que ocurre con la mayoría de nosotros. Hay cosas que nos causan dolor y se arraigan en nuestras vidas. Las palabras hirientes de un ser querido. La traición de un amigo. El abuso de alguien de tu confianza. Ese dolor es como una semilla que se planta en el terreno de nuestro ser. Si no tratamos con ello de inmediato y sacamos esa semilla perdonando y liberando a la persona que nos hirió, queda enterrada en nuestro corazón.

Mientras nos aferramos a esas cosas y las repetimos una y otra vez en nuestra mente, alimentamos esa semilla, de manera que sus raíces se hacen más profundas. Lo que hacemos, en realidad, es regarla y fertilizarla. De modo que, después de un tiempo, echa raíces y comienza a retoñar. Con ello se hace cada vez más grande y comienza a ocupar más y más espacio en el jardín de nuestra vida. Antes de que nos demos cuenta, la semilla del dolor se ha convertido en lo que la Biblia llama una *«raíz amarga»* (Hebreos 12:15).

Mi amigo, ¿puedo contarte una verdad con toda franqueza? La amargura no es muy atractiva. La persona amargada a menudo está enojada, a la defensiva, se ofende con facilidad y es pesimista. Por lo general, tiene pensamientos profundos de que alguien más debe pagar por la infelicidad que está experimentando. Ese tipo de actitudes aleja a las personas y hace que la persona pierda muchas oportunidades y bendiciones en la vida. Si estás luchando con la amargura, lo que te digo hoy no debe ofenderte, debes verlo como una señal de advertencia que espero pueda evitarte heridas y dolores de cabeza.

Podemos pensar que la amargura solo afecta un área de nuestra vida, pero nada más lejos de la verdad. En realidad, afecta cada parte de nuestra vida porque está arraigada en el núcleo mismo de nuestro ser. Si dejamos que la amargura siga creciendo, se ha de convertir en el filtro a través del cual veamos todo en el mundo. Nuestra vida empieza a definirse por esa situación y el dolor que nos causó. Hasta que al fin nos convertimos en prisioneros de nuestra propia amargura.

Al decidir perdonar luchamos por nuestra propia libertad. No es fácil. Pero es una batalla en la que debemos combatir. La verdad es que no perdonamos a la otra persona; nos perdonamos nosotros mismos por nuestro bienestar y por el futuro que Dios tiene con nosotros.

La película *Invictus* describe los desafíos que Nelson Mandela enfrentó mientras trabajaba por la integración en Sudáfrica después de que fue liberado de la prisión. Hay una escena en la película que me encanta en especial. Mandela quiere integrar sus fuerzas de seguridad, pero se encuentra con la oposición de sus hombres. Él responde: *«El perdón libera el alma; elimina el miedo. Es por eso que es un arma tan poderosa.»*[4] El perdón no libera a la otra persona, nos libera a *nosotros* mismos.

Bloqueado

Agreguemos la segunda frase: Un amigo ofendido es *más difícil de recuperar.*

Verdad # 2:
La falta de perdón te mantendrá encerrado.

Una traducción libre de la versión bíblica inglesa de Proverbios 18:19 lo expresa de esta manera: «Un amigo ofendido es más intransigente que una ciudad fortificada». En este contexto, la palabra «intransigente» significa «rudeza, rigidez, inflexibilidad, insensibilidad». Ser más intransigente que una ciudad fortificada debe referirse a algo cerrado con paredes por todos lados, un espacio en el que nada entra y nada sale. Las personas que albergan falta de perdón endurecen su corazón. Esto no es solo una expresión metafórica; el estrés de las emociones negativas que acarreamos puede producir una acumulación de placa que hace que el corazón se vuelva físicamente duro, incluso al punto en que se siente como una piedra en una autopsia.

Cuando somos heridos, sentimos la tentación a encerrarnos detrás de esas paredes para resguardarnos de un nuevo sufrimiento. Pero el problema es que esas paredes mantienen las viejas heridas adentro, mientras que las cosas buenas —como las amistades saludables, las nuevas temporadas, las nuevas oportunidades e incluso la convicción y el aliento del Espíritu Santo que todos necesitamos— permanecen afuera.

La verdad es que no podemos darnos el lujo de vivir con la falta de perdón. Es un precio demasiado alto que pagar. Nos lastimará en lo emocional, en lo espiritual e incluso físicamente.

¿Te acuerdas de Lois? Por desdicha, su enfermedad avanzó, al igual que la amargura y el resentimiento que llevaba. Con el tiempo, sus dedos de las manos y los pies se deformaron; y su espalda y su cuello se torcieron adoptando una posición horrible. Consciente de los efectos que el estrés emocional continuo podría tener en el organismo, el doctor Colbert comenzó a sospechar que la condición de la mente y las emociones de Lois, así como la condición de su cuerpo podrían haber estado conectadas. Lois falleció enojada y llena de odio por todo y por todos. Tras su desaparición, el doctor Colbert reflexionó sobre el desafortunado efecto de la decisión de Lois de no recibir ni dar perdón:

> Hoy estoy firmemente convencido de que la amargura y la falta de perdón, en realidad, pueden haber causado la artritis de Lois. Si ella hubiera tomado la difícil decisión

de perdonar a su exesposo, es posible que hubiese evitado el dolor y el sufrimiento devastadores que acompañaron su condición física. Al final, su resentimiento no lastimó a su exesposo ni a la nueva esposa de él como la lastimó a ella misma... literalmente tanto en su cuerpo como en su alma... Un pariente de ella me informó que había muerto casi totalmente paralizada; su cuerpo se había convertido en una prisión llena de dolor físico y emocional.[5]

Lois es un ejemplo triste, pero demasiado común, del daño y la destrucción que la falta de perdón puede causar a nuestra vida. Su endurecido corazón dejó el flujo del perdón estancado, sin darlo ni recibirlo. El resultado fue que se encerró en su dolorosa forma de vida, excluyendo cualquier posibilidad de cambio y, por ende, su felicidad.

Es hora de rendirse

La palabra *perdonar* en sus inicios significaba algo como *«rendirse por completo»*; pero evolucionó hasta llegar al concepto de: *abandonar por completo el deseo o el poder de castigar.*[6]

Creo que Pablo sabía lo difícil que es dejar pasar las cosas, así que en Efesios establece una lista muy específica de lo que debemos abandonar: «*Abandonen toda amargura, ira y enojo, gritos* [animosidad constante, resentimiento, contienda, búsqueda de fallas] *y calumnias, y toda forma de malicia* [todo rencor, abuso verbal, malevolencia]» (4:31). Y continúa aconsejándonos en cuanto a lo que debemos hacer: «Más bien, sean bondadosos y compasivos unos con otros, y perdónense mutuamente [pronta y libremente], así como Dios los perdonó a ustedes en Cristo» (v. 32).

La verdad es que como cristianos, la base de nuestra fe, todo lo que nos ha sido dado por la gracia de Dios, viene a través del perdón que Él nos ofrece. Eso es lo que establece el patrón de la manera en que debemos perdonar a los demás.

¿Cómo perdona Dios?

1. Perdona al instante.
2. Perdona por completo.
3. Perdona libremente.

Permíteme que te pregunte: *¿Has recibido el perdón de Dios?* La verdad es que la mayoría de la gente se muere por escuchar estas dos palabras: «Estás perdonado». El peso de la culpa es una carga paralizante con la que no puedes vivir. Cuando Jesús vino, llegó con un ofrecimiento extraordinario: perdonarnos y quitarnos el peso de la culpa y la vergüenza. El apóstol Juan nos dice en 1 Juan 1:9: *«Si confesamos nuestros pecados, él es fiel y justo, y nos perdonará nuestros pecados y nos limpiará de toda maldad».* Este versículo me lo memoricé cuando era un nuevo creyente, y estoy muy agradecido a Dios porque me liberó del peso de la culpa y la carga de pensar que estaba constantemente manteniendo mis pecados en mi contra.

Muchas personas andan con una nube de culpa y condenación sobre ellos todo el tiempo porque no se sienten perdonados ni aceptados por Dios. Cuando nos sentimos culpables y no perdonados, tendemos a no perdonar, a culpar y a condenar a los demás también. Es muy difícil darles a los demás lo que nosotros mismos no tenemos.

Por otro lado, cuando tenemos una revelación de lo grande que es el perdón de Dios por nosotros, y cuánto nos ha sido perdonado, es mucho más fácil extender la compasión y el perdón a los demás. No importa lo que hayamos hecho, Dios nos perdonará.

No permitas que un corazón endurecido e inquebrantable perturbe el flujo de perdón en tu vida. Acepta el perdón que Dios

AVANZA

te ha dado para que puedas transmitirlo a los demás de la misma manera: al instante, completa y libremente.

Bloqueado

Aquí está la tercera frase clave: un amigo ofendido es más difícil de recuperar que una *ciudad fortificada*. Los argumentos separan a los amigos como lo hace una puerta cerrada con barras.

Verdad # 3:
La falta de perdón te mantendrá bloqueado.

En Lucas 15, leemos el famoso relato del hijo pródigo. Es la historia de una familia adinerada cuyos hijos tuvieron el privilegio de tener una herencia considerable esperándolos, muy probablemente después de la muerte de su padre. Pero el hijo menor exigió descaradamente su parte mucho antes y se marchó lejos para disfrutar de su nueva fortuna. No es muy diferente de algunas de las historias que escuchamos hoy, ¿te parece?

Lo que sucede después da un giro bastante similar a los acontecimientos que vemos en la actualidad. Se termina el dinero, los nuevos «amigos» también se van, y —de la noche a la mañana— se pasa de la lista de protagonistas a la de personajes irrelevantes. El tipo se encuentra en lo más bajo, comiendo el mismo alimento que los cerdos que cuidaba para mantenerse con vida. Allí estaba, en un chiquero, considerando desesperadamente sus opciones.

Apesadumbrado y humillado a más no poder, regresa a la casa del padre —al que insultó— esperando que este lo aceptara aunque fuera como sirviente. Pero en vez de rechazo, se encontró con una bienvenida que nunca podría haber imaginado. No solo es perdonado, sino que es *festejado*.

El padre y el hijo menor suelen estar en el punto de mira, el foco de una reunión alegre que exhibe el perdón y la restauración. Sin embargo, hay otra pequeña trama sucediendo que a veces se pasa por alto. En medio de lo que podría haber sido el momento más feliz de la vida de aquel padre, el hermano mayor estaba meditando y pensando en lo absurdo de aquella celebración.

«Indignado, el hermano mayor se negó a entrar» (v. 28). ¡Ahhh! Piensa en eso...*se negó a entrar*. En vez de contagiarse con la alegría y el amor que llenaba a los presentes en ese momento, estaba experimentando enojo y resentimiento.

La falta de perdón produce una perspectiva distorsionada. En ese caso, distorsionó la perspectiva del hermano mayor al punto que vio algo bueno para su familia como algo negativo para él en lo personal. La falta de perdón hizo que interpretara la situación a través del filtro malsano de la falta de perdón y todas las emociones que lo acompañan: enojo, frustración, comparación y celos.

Como resultado, tomó malas decisiones en cuanto a sus relaciones, construyendo una barrera entre él y sus seres queridos. Se encerró en sí mismo dejando fuera de su alcance todo lo bueno que su padre había querido para él. Estaba tan preocupado con lo material, que no podía perdonar. Se obsesionó tanto con la restitución de su hermano, que se perdió la celebración de la reconciliación.

¿Te ha impedido la falta de perdón acoger lo grandioso que Dios quiere hacer en tu vida? Déjame decirte, amigo, que el costo a largo plazo de la falta de perdón nunca paga la «satisfacción» a corto plazo que creemos que traerá. El que sufrirá más eres tú. La falta de perdón mantiene el dolor vivo en nuestro corazón y nuestra mente. Pero aun más devastador que el dolor que causa, es la interrupción que crea en nuestra relación con Dios.

Muchos de nosotros conocemos la oración del Padrenuestro, el famoso pasaje de Mateo 6 en el que Jesús les enseña a sus discípulos a orar. Sin embargo, Jesús no solo nos enseña que el perdón debe ser algo normal en la manera de acercarnos a Dios en oración, sino que unos versículos más adelante nos hace otro fuerte llamado al perdón: «Porque, si perdonan a otros sus ofensas, también los perdonará a ustedes su Padre celestial. Pero, si no perdonan a otros sus ofensas, tampoco su Padre les perdonará a ustedes las suyas» (Mateo 6:14-15).

Todavía estoy aprendiendo a perdonar

Es posible que hayas oído hablar de una extraordinaria mujer llamada Corrie ten Boom. Corrie y su familia eran cristianos holandeses que se consagraron a ayudar a los judíos a escapar de la muerte debido a la persecución de los nazis durante la Segunda Guerra Mundial. Corrie y varios de los miembros de su familia fueron arrestados por su participación en esa ayuda y fueron enviados a un campo de concentración. Algunos de ellos, incluidos el amado padre de Corrie y su hermana Betsie, murieron.

Años más tarde, en un artículo titulado *«Todavía estoy aprendiendo a perdonar»*, Corrie contó un momento conmovedor en el que se vio obligada a enfrentar el dolor de su pasado. Acababa de dar una conferencia sobre el perdón en el sótano de una iglesia en Munich cuando vio a un hombre que se dirigía hacia ella. Tan pronto como lo vio, se transportó a otro tiempo. El hombre que estaba frente a ella era un tipo corpulento con un abrigo gris y un sombrero de fieltro marrón. Pero en su mente lo vio vestido con un uniforme azul y una gorra con calaveras y blasones en la cabeza, el uniforme usado por los guardias en el campo de concentración de Ravensbrück.

Sí, no había duda, ese hombre había sido uno de los guardias. Verlo despertó un torrente de recuerdos de aquel horrible capítulo de su pasado: las duras condiciones de la prisión; la humillación de pasar junto a él desnuda; la imagen del cuerpo delicadamente frágil y expuesto de Betsie. Le enfureció pensar en la muerte de Betsie y en las indescriptibles atrocidades que habían sufrido en aquel campo de concentración. En lo que respectaba a Corrie, aquel hombre era cómplice de ese holocausto.

Y ahora allí estaba parado frente a ella, con la mano extendida, felicitándola por el mensaje que acababa de exponer. Un mensaje sobre la belleza y el poder del perdón que describía la manera en que Dios arroja nuestros pecados en las aguas más profundas para que nunca vuelvan a resurgir. Un mensaje que ella había obligado a otros a abrazar; sin embargo, ella misma luchó para acogerlo cuando se enfrentó a la misma decisión. ¿Lo perdonaría ella…? ¿*Podría* hacerlo?

El hombre continuó diciéndole cómo se había convertido en cristiano, cómo sabía que Dios le había ofrecido perdón por las terribles cosas que había hecho, cómo esperaba que ella también lo hiciera. El torrente sanguíneo de Corrie pareció congelarse a la vez que numerosas imágenes del pasado inundaron su mente. Buscó a tientas en su bolso en vez de tomar la mano extendida de aquel hombre. ¿Realmente podría pensar ese sujeto que era tan sencillo que lo perdonara? ¿Que con una simple petición podría ser perdonado por el sufrimiento indescriptible que le había causado a ella y a innumerables personas? Corrie narra a continuación la batalla campal en la que se convirtió su mente en ese momento:

No podían haber pasado muchos segundos desde que se paró ahí —con la mano extendida—, pero a mí me parecieron horas mientras luchaba con lo más difícil que había tenido que enfrentar.

Sin embargo, tenía que hacerlo —lo sabía—. El mensaje de que Dios perdona tiene una condición previa: que perdonemos a quienes nos han injuriado. «Si no perdonas a los hombres sus ofensas», dice Jesús, «tampoco tu Padre que está en los cielos, perdonará las tuyas».

Lo sabía no solo como un mandamiento de Dios, sino como una experiencia diaria. Desde que terminó la guerra, tenía un hogar en Holanda para las víctimas de la brutalidad nazi. Aquellos que fueron capaces de perdonar a sus antiguos enemigos también pudieron regresar al mundo visible y reconstruir sus vidas, sin importar las cicatrices físicas. Aquellos que amamantaron su amargura permanecieron inválidos. Fue tan simple y tan horrible como eso.

Y aun así me quedé allí con una ardiente frialdad apretando mi corazón. Pero el perdón no es una emoción; eso también lo sabía. El perdón es un acto de la voluntad, y la voluntad puede funcionar independientemente de la temperatura del corazón… «¡Ayúdame!», oré en silencio. «Puedo levantar mi mano. Puedo hacer eso y mucho más. Tú suples mi sentimiento».

Y así, como si fuera de madera, mecánicamente, fijé mi mano en la que se extendía hacia mí. Cuando lo estreché, sucedió algo extraordinario. Algo como una descarga eléctrica empezó en mi hombro, bajó por mi brazo y llegó a aquella mano que estrechaba a la de aquel que buscaba el perdón. Y entonces un calor sanador pareció inundar todo mi ser, llenando de lágrimas mis ojos.

«¡Te perdono, hermano!», dije entre sollozos. «¡Con todo mi corazón!»

Durante un largo momento nos agarramos de las manos, el exguardia y la exprisionera. Nunca había conocido el amor de Dios tan intensamente, como en ese entonces.[7]

Cuando nuestro corazón es herido por otras personas, el perdón puede parecer imposible. Corrie experimentó la misma tentación que el hijo mayor de la parábola: enojarse, alejarse de quien había causado tanto dolor, castigar y no perdonar a alguien que no lo merecía; todo eso pasó por su mente.

No obstante, a diferencia de aquel hijo, Corrie tomó la decisión de dar un paso, el único paso que podía dar: avanzar hacia el perdón. Y estaba allí, con lo poco que podía ofrecer; Dios conoció su deseo e hizo lo impensable: Él abrió su corazón de una manera que ella no podía entender e hizo posible el perdón completo.

Sé que algunos de ustedes han sido heridos, en lo más profundo, por otros y se han preguntado si alguna vez podrían recuperarse de eso. Pero también sé que ante la más terrible ofensa e injusticia, Dios puede darte la fuerza y la gracia para perdonar a las personas que te lastimaron. Aun cuando creas que eso es imposible.

Comienza con el paso correcto. Incluso si todo lo que puedes hacer es susurrar un grito silencioso rogando ayuda y forzándote a hacer el más mínimo gesto de perdón, como lo hizo Corrie; empieza así. Dios te encontrará. Aunque todavía estés aprendiendo a perdonar

Rompe la barrera

El perdón puede ser muy doloroso, puesto que nos forza a revivir las heridas más profundas que hemos enterrado en nuestro corazón. No te alejes del proceso liberador del perdón porque temas al dolor. Lidiar con eso, aunque es doloroso, es parte del proceso de sanidad. El dolor es un indicador de que realmente estás llegando a la raíz de la herida y estás en el camino correcto para liberarte y seguir adelante.

Si estás luchando con sentimientos de odio por alguien que te ha agraviado, permíteme animarte a que consideres estas sabias palabras del doctor Martin Luther King Jr.: «*No hay nada más trágico que ver a un individuo cuyo corazón está lleno de odio... El odio destruye la estructura misma de la personalidad del enemigo... No odies, porque eso termina en respuestas trágicas y neuróticas*».[8] El doctor King tuvo una vida llena de oportunidades para albergar el odio y la falta de perdón y, sin embargo, optó por el perdón porque entendió el poder que posee. Por eso dijo:

Debemos desarrollar y mantener la capacidad de perdonar. El que está desprovisto del poder de perdonar no tiene poder para amar... El perdón no significa ignorar lo que se ha hecho o ponerle una etiqueta falsa a un acto malvado. Significa, más bien, que el acto malvado ya no es una barrera para la relación. El perdón es un catalizador que crea la atmósfera necesaria para un nuevo comienzo.[9]

El perdón no significa que algo no sucedió. No significa que no duela. No significa que estuvo bien. Perdón significa que ya no tiene el poder de controlar tu vida.

Es importante entender que el perdón y la confianza no son lo mismo. El perdón se da libremente, pero la confianza debe ser reconstruida. (Sobre todo si ha habido abuso u otros asuntos serios presentes.) La sabiduría de Dios diría que tengas cuidado y uses el discernimiento para confiar nuevamente en esa persona. Perdonar a alguien no significa que estás obligado a mantenerlo contigo. Un sabio dijo una vez: «*El perdón es un regalo que te das a ti mismo*». El perdón no puede deshacer el pasado, pero puede evitar que tu pasado deshaga tu futuro.

No permitas que la falta de perdón te mantenga bloqueado, ni que te impida disfrutar lo mejor que Dios tiene para ti. Quítale el seguro a la puerta de la falta de perdón y bota la llave.

Determina dejar que Dios sea más grande que tu dolor y te guíe a un futuro más grande que tu pasado. Grandes cosas te esperan más allá de las barreras de la falta de perdón.

Evalúa. Elimina. Elévate

Evalúa: ¿Hay alguien con quien tengas amargura o falta de perdón? (Muchas personas tienen amargura o falta de perdón con ellos mismos o incluso hacia Dios sin siquiera darse cuenta. Aunque Dios nunca nos ha dañado o tratado mal, muchas veces tenemos resentimiento con Él porque estamos enojados por las cosas sucedidas. Dios no «necesita» nuestro perdón, pero necesitamos la libertad que proviene de perdonar y dejar ir cualquier ira, amargura y resentimiento que tengamos hacia Él.)

Elimina: ¿Cuáles son las cosas específicas que debes perdonar o «rendir por completo», para sanar y seguir adelante? (A veces puede ser un ejercicio útil hacer una lista de personas a las que debes perdonar y qué necesitas para ello. Ora por esa lista, permite que Dios te libere del dolor y además perdona a esas personas. Cuando termines, desecha la lista.)

Elévate: Es posible que las heridas experimentadas te hagan creer algo que no se alinea con la Palabra de Dios: ¿sobre ti, sobre Dios, sobre los demás, sobre tu futuro? ¿A qué verdades de la Palabra de Dios debes aferrarte mientras te dedicas a sanar? («Soy aceptado y amado por Dios, aunque la gente me rechace...» «Soy valioso, incluso si cometo errores...»)

Capítulo 8

Cree en grande, esfuérzate al máximo

La persistencia puede transformar el
fracaso en un logro extraordinario.

Matt Biondi

Louie era un chico problemático. Comenzó a fumar a los seis años, se metía en peleas con estudiantes y profesores en la escuela, y masticaba ajo crudo para mantener a los otros niños alejados de él. Cuando se convirtió en monaguillo, se robaba el vino de la eucaristía.

Él y sus amigos a menudo deambulaban por las calles de noche haciendo fechorías. Después que las tiendas cerraban, usaba un cable pesado con un gancho en el extremo que introducía por las hendijas de las ventanas para agarrar los dulces, los cigarrillos y los productos horneados. Sus amigos finalmente comenzaron a llamarlo el «Cerebro» porque siempre hallaba la manera de salirse con la suya.

Sin embargo, los problemas alcanzaron a Louie en los primeros años de su adolescencia. Al fin llegó el día en que todos tuvieron suficiente con las andanzas del chico. Cuando la policía y los padres de Louie llegaron a su conclusión Pete, su hermano mayor, sugirió un castigo que a diferencia de los demás podría funcionar. Había algo que Louie siempre hizo bien en todos sus años errantes: *correr*.

Pete, que era un excelente atleta, defendió a Louie y negoció un trato que podría darle una segunda oportunidad: si Louie practicaba deportes como parte de su castigo, su larga lista de detrimentos sería eliminada. El director convino a regañadientes en darle a Louie una última oportunidad para que se rehabilitara, por lo que la decisión quedó en manos de Louie.

En su libro *Do not Give Up, Do not Give In*, el atleta olímpico y prisionero de guerra de la Segunda Guerra Mundial, Louie Zamperini describe sus años como delincuente juvenil y el momento crucial en el que se vio obligado a tomar una decisión que afectaría el curso de su vida.

La perspectiva de comenzar el noveno grado con un borrón y cuenta nueva era irresistible. Todo lo que tenía que hacer era correr. *«Supongo que lo haré si me obligas a hacerlo»*, le dije a Pete. «Nadie va a obligarte a hacer nada», respondió. «Ya tienes edad suficiente para tomar tus propias decisiones. Puedes continuar en tu mala vida y terminar en prisión o trabajar en una fábrica de acero o en un campo petrolífero ganando centavos. O puedes correr e intentar lograr algo».[1]

La primera carrera de atletismo de Louie fue un desastre. Terminó de último, exhausto y resollando por su hábito de fumar. Quería renunciar, pero sabía que si lo hacía, su trato con el director quedaría anulado. Una semana más tarde, Louie tuvo su segunda carrera, esa vez llegó de tercero.

Después me di cuenta de que tenía que tomar una gran decisión: ¿continuar siendo un generador de problemas o convertirme en corredor? Me encantó el nuevo reconocimiento como corredor, pero ¿valía la pena? Sí. Empecé a entrenar tan diligentemente como hacía con mis travesuras.[2]

¿Puedes verlo?

Louie atribuye gran parte de su éxito a la influencia de su hermano mayor. Pete trabajó duro, ayudándolo a entrenar y animándolo. Rápidamente se hizo evidente que Louie tenía un gran talento. Después de su primera victoria, permaneció invicto durante tres años y medio. Continuó batiendo récords y corrió en los Juegos Olímpicos de 1936 en Berlín.[3] Louie siempre había tenido el potencial; lo que cambió su vida fue que alguien lo vio y dispuso arriesgarse e invertir en él.

Hay una parábola en Lucas 13 que me encanta. Jesús cuenta la historia de un hombre que vio el potencial de lo que tenía delante y decidió hacer todo lo que estuviera a su alcance para ver cómo se convertía en realidad.

La siguiente es la parábola: «Un hombre tenía una higuera plantada en su viñedo, pero, cuando fue a buscar fruto en ella, no encontró nada. Así que le dijo al viñador: "Mira, ya hace tres años que vengo a buscar fruto en esta higuera, y no he encontrado nada. ¡Córtala! ¿Para qué ha de ocupar terreno?" "Señor —le contestó el viñador—, déjela todavía por un año más, para que yo pueda cavar a su alrededor y echarle abono. Así tal vez en adelante dé fruto; si no, córtela"» (vv. 6-9).

Por alguna razón, el árbol no estaba dando fruto. No sabemos por qué, pero el propietario estaba claramente frustrado y listo para darse por vencido. La mayoría de nosotros también nos hemos visto en una situación parecida. La respuesta del propietario es exactamente cómo la de cualquiera de nosotros, incluido yo mismo; reaccionamos ante situaciones que no están dando resultados de la manera que queremos. «Córtalo... desiste de eso. Vámonos».

Admiro al guardián del viñedo; habla con un enfoque completamente diferente. En vez de descuidar el árbol, sugiere que se haga lo opuesto: poner más esfuerzo y darle más cuidado y atención. ¿Por qué? Porque veía la posibilidad de lo que podría producir.

Cuando las cosas van mal, la mayoría de las veces la respuesta de nuestra naturaleza humana es dejar de esforzarnos más que presionar, luchar, pensar en nuevas estrategias. Por lo general, preferimos alejarnos en vez de trabajar un poco más duro.

Sin embargo, ¿Qué ocurriría si le diéramos el mismo enfoque de este viñador y lo aplicamos a las áreas de nuestra vida con las que luchamos por producir los resultados que deseamos? En vez de retroceder, darnos por vencido y descuidarlos, ¿qué pasaría si cambiamos de perspectiva por un poco más de tiempo? ¿Agregar más esfuerzo y desarrollar algunas estrategias nuevas que puedan producir cambios?

El encargado del viñedo, en esta pequeña parábola, puede enseñarnos un poderoso enfoque en dos partes para cultivar el éxito y el progreso en cualquier área de nuestra vida: *creer en grande y esforzarse al máximo*.

Es lo mismo que vemos a lo largo de la historia de Louie Zamperini. Dado que su hermano estaba dispuesto a ver el potencial y hacer una inversión, Louie empezó a verlo también. Una vez que comenzó a aplicarlo, los resultados fueron mucho mayores de lo que nadie podría haber imaginado. El chico que todos creían que no significaría nada, cambió por completo su vida y dio a conocer su ciudad. Pero costó mucho creer y esforzarse para que ese potencial se desbloqueara.

1. Cree en grande.

Algunas veces, el mayor potencial está encerrado en los lugares menos accesibles. La gente del pueblo que parecía tener menor potencial resultó con más. El hermano de Louie dio un paso al frente y se arriesgó porque creía que había algo más en su pequeño hermano, a pesar de que este aún no lo había visto.

Lo mismo sucedió con el encargado del viñedo. En medio de la desalentadora realidad de las circunstancias, todavía estaba esperando; viendo su futuro a través del filtro de la fe y la posibilidad más que por el del desaliento y la frustración. Tuvo el coraje y la audacia de creer en algo que nadie más podía ver.

Una de las cosas más importantes que debemos plantar dentro de nosotros es la fe para creer que el cambio es posible. Puede parecer imposible. Pero nuestra vista no determina nuestra fe (2 Corintios 5:7). Este viñedo había estado esperando por tres años para que ese árbol produjera frutos... y no pasó nada. No tenía pruebas tangibles para creer que el año venidero sería diferente, pero eso no le impidió creer.

Fíjate, sin embargo, que no solo creía que el próximo año sería diferente, sino que tomó algunas medidas prácticas para mejorar la situación. Sabía cuáles eran las probabilidades, pero estaba decidido a dar lo mejor de sí para que sucediera.

¿Y cuál era su arma para vencer las probabilidades? Esforzarse.

2. Esfuérzate al máximo.

Si queremos un cambio, tenemos que atrevernos a creer en grande, y luego unir esa creencia a un compromiso igualmente fuerte para esforzarnos mucho.

Observa lo que dijo el trabajador del viñedo: «*Voy a cavar alrededor y a fertilizarlo*». Estaba dispuesto a cavar un poco y eliminar los puntos difíciles. Quizás encontraría alguna resistencia. Pero estaba dispuesto a preparar el suelo y agregar algunos ingredientes necesarios para mejorar la salud del árbol. Su visión requeriría trabajo de su parte. Pero era un precio que estaba dispuesto a pagar, incluso sin garantía de éxito.

A lo largo de los años, he conocido a muchas personas que tienen una gran visión con sus vidas y lo que quieren lograr para Dios. Pero por desdicha, muchas veces su visión pesa más que su precio. Tienen grandes sueños y planes, pero no están dispuestos a poner el trabajo y el sacrificio necesarios para que eso suceda.

Parece que algunas personas son simplemente alérgicas al trabajo duro. Todos conocemos a ese tipo en la oficina, el que siempre puede encontrar una excusa cada vez que se necesita hacer algo. Incluso si no tiene nada que hacer en todo el día, tan pronto como necesites una mano con algo, repentinamente aparece un dolor de cabeza o está sofocado por algo y no puede ayudar. ¡Algunas personas se esfuerzan más en abandonar el trabajo que lo que tomaría realmente hacerlo!

Algunos de nosotros hemos escuchado el dicho: «*No se puede* soñar *con un millón de dólares si tienes una ética laboral de salario mínimo*». Es cierto. Dios tiene un plan extraordinario y significativo para nuestra vida, pero no sucederá por sí solo. Nuestro nivel de esfuerzo debe elevarse al de nuestra visión si queremos que se convierta en realidad.

No obstante, ¿qué es exactamente el esfuerzo? Me gusta definirlo de esta manera: es el compromiso a trabajar duro inducido por un impulso para tener éxito. Cuando trabajamos, significa que estamos tras algo, buscando, haciendo lo que sea necesario, esforzándonos más. Algunas personas pueden pensar que el esfuerzo y el trabajo duro son la misma cosa, pero hay una diferencia importante. Podemos trabajar duro sin tener prisa. El que tiene prisa es ambicioso y se motiva a sí mismo; está buscando hacer cosas. El esfuerzo nos hace destacar entre la multitud y nos ayuda a ganar en la vida.

Atraviesa la distancia

En noviembre de 1976, el *New York Times* publicó un artículo que contaba la historia real de un hombre que pasó de la pobreza a la riqueza un año antes; a pesar de tener grandes sueños para su vida, se estaba quedando sin opciones. Su esposa estaba embarazada, su mascota se estaba muriendo de hambre, y no podía pagar el alquiler de su diminuto apartamento. Solo tenía ciento seis dólares en su cuenta bancaria y no muchas opciones.

Lo que *sí* tenía era una historia que había estado considerando por un tiempo. Así que decidió que había llegado el momento de dejarla salir. En tres días y medio, escribió un guion cinematográfico que estaba decidido a vender a los productores y a retomar el camino de la estabilidad financiera. Se levantaba todas las mañanas a las seis y lo escribió a mano con un bolígrafo Bic, luego le entregó las páginas a su esposa, que las mecanografió. Y cuando terminó, fue a tocar puertas.

Funcionó. A los productores les gustó el guion, pero hubo un escollo. Se negó a vender el guion sin un acuerdo de que también podría ser el protagonista, cosa que no les interesó a los productores. Era un luchador con poca experiencia en la actuación. Pero con el apoyo inquebrantable de su esposa, se mantuvo firme y rechazó ofertas por más de doscientos mil dólares.

Al fin logró vender la película a unos productores que estaban dispuestos a arriesgarse y que aceptaron dejarlo protagonizar el papel principal. Ese hombre era Sylvester Stallone y la película era *Rocky*. La que casi no se filmó con el actor que nadie quería llegó a ganar el Oscar a la Mejor Película en 1977.[4]

«Cree en grande, esfuérzate al máximo» debería ser un estilo de vida para nosotros. Cuando las cosas estén bien, cree en grande y *esfuérzate*. Cuando las cosas estén mal, *cree mucho más en grande y esfuérzate el doble*. Puede haber muchas cosas que no podemos hacer, pero siempre podemos elegir creer a lo grande y esforzarnos más. Esa puede ser la clave que cambie todo.

Cómo esforzarte

Las personas que se esfuerzan tienen más probabilidades de ganar en la vida. Así es como eso funciona. Claro, a veces las personas con una ética laboral menos impresionante tienen un golpe de suerte, pero la mayoría de las personas que triunfan de manera sostenida han convertido el esfuerzo en un hábito. Ya sea por salud, finanzas, relaciones, crianza o cualquier otra área, el compromiso de trabajar arduamente impulsado por el deseo de tener éxito será esencial para avanzar.

Hábito para esforzarte # 1:
Sé diligente.

La diligencia es un principio que se encuentra en toda la Biblia y es una de las claves para una vida exitosa. La diligencia se puede definir como «dedicar el grado de cuidado requerido en una situación dada; una determinación perseverante para realizar una tarea»[5] o» lo podemos definir como lo opuesto a la negligencia».[6]

Me gusta pensar en la diligencia como una tenacidad enfocada. El diligente ve el objetivo, se esfuerza persistentemente para llegar allí, y no se da por vencido hasta que esté en su mano. En calidad de mi pastor, Don Matheny dice: «Es como el perro bulldog tras el cartero». Diligencia es quedarte hasta tarde para terminar un proyecto que te comprometiste a hacer. Es dar más para hacerlo bien. Es presionar, aun cuando sea difícil.

La mayoría de nosotros hemos estado del otro lado de la falta de diligencia o la negligencia de otra persona. Un trabajo descuidado en un proyecto laboral, comida mal preparada, un servicio displicente en un restaurante, o un amigo que no cumplió con su palabra. No disfrutamos de los efectos de la negligencia de otras personas. Pero, por desgracia, nuestra propia negligencia puede ser una de las principales razones por las que la vida no se ve cómo queremos. No podemos tener relaciones saludables y prósperas si estamos demasiado ocupados o centrados en nosotros mismos como para invertir en ellas. No podemos esperar que el cuerpo se mantenga sano y fuerte si no lo cuidamos de la forma en que sabemos que debemos hacerlo. Aun cosas como nuestras posesiones materiales o nuestras finanzas pueden sufrir si el abandono interfiere en nuestros hábitos diarios. ¡Cualquiera que haya sido afectado por una multa o un recargo por pago atrasado sabe cuánto puede costar la negligencia!

Cuando somos indolentes en el manejo de las áreas prácticas de nuestra vida, podemos terminar constantemente retrasados, incapaces de encontrar cosas, estresados o atrasados en la vida en general.

Cuando mi hija Anna estaba en quinto grado, tuvimos que hacer una biografía de su vida. No habíamos trabajado mucho organizando fotos, así que cuando su asignación llegó, sentimos algo de pánico. Teníamos una enorme caja con fotos, sin orden alguno, por lo que debimos organizarlas todas, una por una, para tratar de encontrar todas las fotos que ella necesitaba. Aunque no era algo tan importante para nosotros, organizar las fotos seguramente habría sido más fácil y menos estresante para un pequeño proyecto de quinto grado. Si nos hacemos el hábito de ser negligentes en las pequeñas cosas, es probable que sume una gran cantidad de frustración, ansiedad y pérdida de tiempo en nuestra vida.

La negligencia siempre es costosa. Es fácil ver qué tan cerca está la palabra negligencia del vocablo *negar*. *Negar* significa «hacer que sea ineficaz o inválido».[7] Me pregunto cuántas veces hemos negado las promesas de Dios, en nuestra vida, simplemente por no cuidar algo con esmero y diligencia.

¡Ay! Sé que esto puede arder un poco. Pero la motivación del corazón tras esto no es, de ninguna manera, condenar o desalentar a nadie. Lo que he descubierto al servir y dirigir a las personas es que, a menudo, la gente desea el éxito, pero la indolencia les quita el impulso. Sea deliberada o accidentalmente, la gente descuida las bendiciones y las oportunidades que Dios pone en sus manos y alrededor de ellos. Eso bloquea su capacidad para avanzar. Lo que tiene valor para nosotros crece y prospera; lo que menospreciamos sufre y muere.

Ello no solo se circunscribe a lo que hacemos diariamente. La diligencia y la negligencia pueden afectar directamente nuestra capacidad de prosperar espiritualmente y florecer en el llamado que Dios ha puesto en nuestra vida. Romanos 11:29 (NTV) señala: *«Pues los dones de Dios y su llamado son irrevocables».* Los dones y el llamado de nuestra vida nunca cambiarán, pero la forma en que decidamos tratarlos y administrarlos depende de nosotros.

En 2 Crónicas 29:11 (NVI) dice: «Así que, hijos míos, no sean negligentes, pues el SEÑOR los ha escogido a ustedes para que estén en su presencia, y le sirvan, y sean sus ministros». ¡Qué asombroso es saber que hemos sido elegidos por Dios para servirle y ser usados para sus propósitos! Pero también vemos que con el llamado viene una palabra de advertencia. El autor está diciendo: «¡Como Dios te ha elegido, asegúrate de no ser negligente ni descuidado!» Él sabía que la negligencia es uno de los mayores enemigos de la vocación y el propósito para el que hemos sido elegidos.

La diligencia va más allá de lo que hacemos; es un espíritu que define nuestra vida. Es una cualidad que forjamos al tejer nuestra personalidad. Ser diligente brinda recompensas a nuestra vida. La Biblia está llena de versículos sobre la diligencia y los beneficios que ofrece, sin embargo, enfoquémonos en estos tres:

1. **Riqueza.** «Los perezosos pronto se empobrecen; los que se esfuerzan en su trabajo se hacen ricos» (Proverbios 10:4, NTV).
2. **Satisfacción.** «Los perezosos ambicionan mucho y obtienen poco, pero los que trabajan con esmero prosperarán» (Proverbios 13:4, NTV).
3. **Promoción.** «Trabaja duro y serás un líder; sé un flojo y serás un esclavo» (Proverbios 12:24, NTV).

La diligencia nos posiciona a fin de que liberemos todo el potencial que Dios ha puesto en nosotros y en nuestro entorno.

Estoy muy agradecido por la gente que me rodea y, a lo largo de los años, he tenido la oportunidad de estar cerca de personas muy exitosas. A medida que los conozco, he notado algunas características comunes a todos:

1. No se rinden fácilmente.
2. Van más allá.
3. Son finalistas.
4. Saben que los detalles hacen destacar.

La diligencia puede no parecer siempre una cualidad emocionante o transformadora, pero te lo aseguro, cuenta. Como solía decir Steve Jobs, cofundador de Apple Inc.: *«Los detalles cuentan. Vale la pena esperar para hacerlo bien».*[8]

Hábito para esforzarte # 2:
Trabaja en eso y por eso.

No es suficiente trabajar *duro;* tenemos que hacerlo con *inteligencia.* Veo el esfuerzo como una moneda con dos lados: cara y cruz. El lado de la «cruz» representa el trabajo duro. Es cuando trabajamos como una mula y hasta el más mínimo detalle. Simplemente no hay sustituto para el trabajo arduo. Es probable que hayas escuchado el refrán: «Vale la pena trabajar en cualquier cosa productiva». ¡Y es cierto! No podemos esperar que las cosas nos caigan del cielo. Si queremos algo, tenemos que estar dispuestos a trabajar por ello.

No obstante, eso es solo una parte de la ecuación. De vez en cuando, tenemos que apartarnos del trabajo que estamos haciendo y reflexionar en cómo lo hacemos. Esta es la «cara», el otro lado de la moneda: cuando usamos la mente para trabajar *en* el asunto. Nos preguntamos: *¿Está funcionando lo que hago? ¿Estoy consiguiendo los resultados correctos? ¿Qué cambios podría hacer para ser más efectivo?*

Si solo trabajamos «en el asunto», podemos terminar con el efecto de la cinta caminadora fija: trabajando duro todo el tiempo pero sin llegar a ningún lado. Tal vez hayas escuchado el dicho de que la locura hace lo mismo una y otra vez y espera resultados diferentes. ¡Para seguir progresando, debemos asegurarnos de trabajar arduamente *en lo correcto*! Lee Cockerell, ex vicepresidente ejecutivo de operaciones de Walt Disney World Resort, dijo: «"Eficiente" es hacer las cosas. "Eficaz" es hacer las cosas correctas en el orden correcto y asegurarte de abordar todo lo que es urgente, vital e importante en cada parte de tu vida».[9]

Hábito para esforzarte # 3:
Mantén la pasión.

En 2 Timoteo 1:6 (RVR 60), Pablo le dice a Timoteo: «Te aconsejo que avives el fuego del don de Dios que está en ti». Lo que hay dentro de ti no produce resultados automáticamente; necesita ser extraído y cultivado.

Pete, el hermano de Louie Zamperini, habló sobre el don y el potencial que veía en su hermano, pero finalmente Louie tuvo que tomar la decisión de creer que podía cambiar y tener éxito. Tuvo que apresurarse para entrenar y desarrollar ese talento. Nadie más podría usarlo por él. Lo mismo se aplica a tu vida. Nadie más puede cumplir tu potencial sino tú.

Las personas de tu círculo pueden inspirarte, desafiarte y ayudarte a desarrollar tu don pero, a fin de cuentas, la decisión depende de ti: ¿creerás en grande y te esforzarás al máximo? ¿Harás lo que sea necesario para ver los talentos que Dios puso en ti y para que sean trabajados, desafiados, fortalecidos y refinados? ¿Les darás la oportunidad de respirar vida en ellos y pasar de la posibilidad a la realidad? Solo tú puedes decidir.

Hábito para esforzarte # 4:
Aguanta cuando las cosas se pongan difíciles.

Cuando tenía quince años, tuve mi primera cuenta bancaria. Estaba muy emocionado porque tenía mi propio talonario de cheques. Era como una insignia de libertad. Después de tener todo listo en el banco, mi madre trató de darme algunas instrucciones sobre cómo balancear la chequera: anotando todas las entradas, contabilizando los gastos, haciendo un seguimiento de mi saldo; todas esas cosas buenas. Cosas que debería haber escuchado. (Sobre todo porque ella era contadora profesional y realmente sabía de lo que estaba hablando.)

Pero pensé que sabía todo y que después haría todas esas cosas. ¿Quién tiene tiempo para preocuparse por algo así como balancear un talonario de cheques?

Resultó que tuve tiempo para preocuparme por ello, porque unos meses más tarde mi independencia se terminó. Me habían rebotado numerosos cheques (por decirlo suavemente) y mi cuenta estaba paralizada. Ni siquiera voy a mencionar lo desordenado que fui. Digamos que me metí en un lío gigantesco.

Recuerdo que pensé: *Hombre, estoy muy confundido. Todavía me quedan cheques. ¿Cuál es el problema?* No puedo evitar reírme de mi estrategia seriamente defectuosa para la gestión financiera.

Fui a ver a mi madre y le dije: «Mamá, hice todo mal, tengo un gran problema. ¿Puedes ayudarme?» Mi dulce y amable madre se sentó conmigo y, una vez más, me ayudó a aprender a lidiar con una cuenta de cheques. Y créeme, esta vez la escuché.

Mientras estábamos trabajando en el desorden de mi chequera, le dije: «No voy a seguir haciendo operaciones bancarias allí. Voy a cerrar esta cuenta y comenzar de nuevo en otro banco. Es demasiado vergonzoso para mí. Esas señoras se reirán cada vez que me vean».

Aunque mi madre era dulce y amable, también era sabia y firme. Así que me dijo: «No. Así no es como se hacen las cosas. Vas a poner todo en orden y aprender a hacer esto. Si quieres cambiarte a otro banco en un par de meses, está bien, pero vamos a solucionar esto primero».

Le agradezco a mi madre que tuviera la firmeza y la sabiduría para hacerme ver la situación. No fue una lección fácil de aprender, pero me ha quedado grabada por el resto de mi vida. Lo que aprendí fue que cuando las cosas se ponen difíciles, uno no se da por vencido ni huye. Tienes que tener el carácter, la integridad y la disciplina para seguir adelante y aguantar hasta el final. Como escribió el poeta Robert Frost: *Siempre hay un camino mejor para salir.*[10]

Decide ser fiel a lo que comenzaste. La fidelidad tiene recompensas, así que sigue trabajando aunque sea difícil. Incluso cuando la diversión y la emoción de una nueva oportunidad se hayan convertido en una práctica vana de la rutina diaria. Aun cuando estés en medio de un problema frustrante y confuso. Incluso cuando tus circunstancias sean dolorosas e injustas. Las personas esforzadas siguen presionando hasta que alcanzan su meta.

En el campeonato de la Asociación Atlética Nacional Colegial (NCAA, por sus siglas en inglés) de 1938, Louie Zamperini corrió una de las carreras más desafiantes de su vida. Otros corredores, en forma deliberada, intentaron sacarlo, golpearlo, injuriarlo e incluso lastimarlo físicamente. Un corredor le pinchó el dedo pequeño a Louie con los tacos de sus zapatos, otro le golpeó las espinillas y otro lo estrujó con tanta fuerza que le rompió una costilla. Pero Louie se negó a desistir y no solo terminó la carrera, sino que estableció el récord colegial nacional. Lo mantuvo por los siguientes quince años. Él no lo sabía en ese momento, pero las mismas cualidades de perseverancia y persistencia que lo ayudaron a tener éxito como corredor lo ayudarían más tarde a sobrevivir como soldado en la Segunda Guerra Mundial.[11]

Hebreos 10:36-39 nos anima a mantener el curso pese a lo que pueda pasar:

> Ustedes necesitan perseverar para que, después de haber cumplido la voluntad de Dios, reciban lo que él ha prometido. Pues dentro de muy poco tiempo, el que ha de venir vendrá, y no tardará. Pero mi justo vivirá por la fe. Y, si se vuelve atrás, no será de mi agrado. Pero nosotros no somos de los que se vuelven atrás y acaban por perderse, sino de los que tienen fe y preservan su vida.

El trabajo arduo es parte de la clave para liberar el plan de Dios con nosotros. Ese plan no puede desarrollarse sin eso. Las cosas que deseamos, la visión que tenemos con nuestra vida, no sucederán. Dios no lo diseñó para que funcione de esa manera. Él tiene la intención de que seamos parte activa del proceso. La fe y la diligencia no siempre son naturales, pero son dos cosas que rinden frutos, tanto en el mundo espiritual como en el natural. En su calidad de escritor y experto en negocios Jim Collins afirma: «El verdadero camino hacia la grandeza, demanda sencillez y diligencia».[12]

Cree en grande. Esfuérzate al máximo. Haz tu mejor esfuerzo y confía en Dios para que haga el resto.

. . . .

Evalúa. Elimina. Elévate

Evalúa: ¿Hay áreas de tu vida que no prosperan o producen frutos de la manera que quisieras? ¿En qué necesitas creer más o esforzarte más?

Elimina: A veces descuidamos áreas importantes de nuestra vida sin darnos cuenta. ¿Hay áreas a las que necesites dedicar más tiempo y atención para que prosperen (a largo y corto plazo)?

Elévate: Enumera un paso específico que puedes dar en cada área en la que te gustaría ver un cambio.

Capítulo 9

Los siete pilares de la sabiduría financiera

Lo que haces con el dinero demuestra
quién eres en realidad.

Dave Ramsey

¿Alguna vez has deseado que alguien te haga un cheque por un millón de dólares? Luce como un sueño hecho realidad, ¿verdad? Tal vez... pero no necesariamente. La revista *Time* publicó recientemente un artículo titulado: «Cómo ganar la lotería y hacerte miserable». El artículo destacaba a cinco personas que ganaron la lotería y lo que opinaban al respecto. Por sorprendente que pueda parecer, no pude evitar apenarme por la mayoría de ellos.

Cuando Jack Whittaker ganó trescientos quince millones de dólares en 2002, ya era millonario. Cuatro años después, su dinero había desaparecido y sufría muchas pérdidas personales, entre ellas una hija y una nieta que habían muerto por sobredosis de drogas. En una entrevista, dijo: «Ojalá hubiéramos roto el boleto... No me agrada Jack Whittaker. No me gusta el corazón duro que tengo. No me gusta lo que soy ahora».

Después de ganar treinta millones, Abraham Shakespeare le decía a su hermano todo el tiempo: «Hubiera estado mejor en bancarrota». En 2007, Donna Mikkin ganó treinta y cuatro millones y medio. En su blog, escribió: «Si me preguntas, te diría que la lotería me secuestró». Ganar la lotería no le quitó todas sus preocupaciones ni resolvió todos sus problemas. De hecho, ella dice que la condujo a una «bancarrota emocional». Y continuó diciendo: «La mayoría de la gente cree que ganar la lotería es la satisfacción más grande. Pero descubrí que ese no era mi caso».

Richard Lustig es uno de los pocos que desafía las probabilidades al quedarse con la mayoría de sus ganancias y ser feliz. Él dijo que la clave después de pagar todas sus deudas era contratar a un buen planificador financiero y un buen contador. Aseveró que es fácil «pensar que no hay mañana». Pero, si lo hay y, finalmente [el dinero] se acaba.»[1]

No hay forma de evitarlo: las finanzas son un gran problema. Muchas personas luchan con la carga de los desafíos y problemas relacionados con el dinero. El rol del dinero y su impacto en nuestra vida es mucho más grande que las mismas finanzas. Mateo 6:21 nos dice que donde está nuestro tesoro, también estará nuestro corazón. Cuando pensamos sobre esto en el contexto de Proverbios 4:23, que enseña que todo lo que hacemos fluye de nuestro corazón, vemos que hay una conexión muy clara y poderosa entre nuestro corazón y nuestro «tesoro». Si no se maneja adecuadamente, el dinero tiene el potencial de destruir nuestra vida en múltiples niveles.

Pon tu casa en orden

En promedio, los estadounidenses gastan $1.33 por cada dólar ganado.[2] Gloria Arenson, autora de *Born to Spend* y terapeuta matrimonial y familiar, dice: «Como sociedad estamos cada vez más y más estresados y, para algunas personas, la salida a ese estrés es comprar cosas».[3] Lo lamentable es que las personas utilizan cada vez más el gasto como un mecanismo para hacer frente a ese estrés.

A continuación tenemos algunas estadísticas aleccionadoras:

- La familia promedio está pagando un total de $6,658 en intereses por año, con $2,630 de ese monto relativo a tarjetas de crédito. Esto representa el nueve por ciento del ingreso familiar promedio, solo en intereses.[4]
- Una encuesta reciente reveló que el primer pensamiento del día de una de cada cuatros personas es el dinero. La misma encuesta reveló que las tres preocupaciones principales que tienen las personas con respecto a las finanzas son: vivir de cheque a cheque, vivir endeudados para siempre y no poder jubilarse.[5]
- En una encuesta anual de la Asociación Psicológica Estadounidense, el dinero se clasifica coherentemente como la principal fuente de estrés de los estadounidenses.[6]
- Casi el setenta y cinco por ciento de todos los adultos se sienten estresados por el dinero al menos parte del tiempo.[7]

La presión económica es en realidad mucho más grave que solo un problema de dinero, ya que puede traer devastación a diversas áreas de nuestra vida. Como si no bastara con las secuelas directas de los problemas económicos —como no poder pagar las cuentas, incapacidad para comprar alimentos o satisfacer sus necesidades básicas—, los efectos secundarios de la presión financiera derivan en problemas de salud física y mental inducidos por el estrés y las relaciones dañadas, solo por nombrar algunos. El estrés que causa la presión económica puede generar un colapso en cada área de nuestra vida.

Sin embargo, hay buenas noticias: hay una mejor manera, la de Dios. Isaías 55:8-9 declara que nuestros caminos no son como los de Dios y nos recuerda que los suyos son mejores. Incluso si nuestra economía es un desastre y el peso de la tensión financiera nos está afectando, la Palabra de Dios puede darnos las herramientas que necesitamos para reconstruirlo todo.

La Biblia tiene más de ochocientos versículos que brindan consejos sobre el tema del dinero y la administración del mismo.[8] La Biblia lo llama sabiduría, palabra con la que todos estamos familiarizados, pero ¿qué significa realmente? Me gusta definirla de esta forma: *la sabiduría es el conocimiento y la verdad aplicados de manera práctica.*

Al contrario de lo que la mayoría de la gente piensa, más dinero no es la solución a los problemas monetarios. De hecho, la mayoría de los «problemas fiduciarios» de demasiadas personas no son realmente monetarios; son problemas administrativos. En su libro *Padre rico, padre pobre*, Robert Kiyosaki lo expresa de la siguiente manera: «La inteligencia resuelve problemas y genera dinero. El dinero sin inteligencia financiera se va pronto».[9] No importa cuánto dinero tengas si sigues tomando decisiones imprudentes.

El principio de «la parte de Dios y mi parte», del que ya hemos hablado, es especialmente significativo en el área económica de nuestra vida. Buscar sabiduría es «mi parte» en la ecuación de las finanzas saludables. En todo el libro de Proverbios vemos principios específicos que Dios nos da para ayudarnos a administrar nuestro dinero a su manera.

Proverbios 9:1 personifica la sabiduría como una mujer que «construyó su casa y labró sus siete pilares». Con esto nos damos cuenta de que la sabiduría sirve para establecer y expandir nuestra vida a la vez que aporta una sensación de fortaleza y estabilidad.

El siete, en la Biblia, es el número relacionado con la perfección y el cumplimiento. La sabiduría llena los vacíos en nuestra vida; se asegura de que estemos cubiertos y «completos» para que no queden áreas vulnerables. Vamos a extraer siete pilares de sabiduría económica del libro de Proverbios que nos ayudarán a construir una sólida «casa» financiera.

Lo primero es lo primero

Nuestras prioridades se reflejan en las inversiones. Las cosas que más amamos finalmente se reflejarán en lo mejor que damos de nosotros. Proverbios 3:9-10 dice: «Honra al Señor con tus riquezas y con los primeros frutos de tus cosechas. Así tus graneros se llenarán a reventar y tus bodegas rebosarán de vino nuevo».

Primer pilar:
Honra

El honor es el primer pilar porque es el más importante. «Toda buena dádiva y todo don perfecto descienden de lo alto» (Santiago 1:17). Podemos tener algunas limitaciones económicas, pero debemos tomar la decisión de ver lo que tenemos como un regalo de Dios. La pregunta es: ¿honras a Dios con las cosas con las que te ha bendecido?

AVANZA

Honrar es «mostrar respeto; reverenciar». Literalmente significa «adorar». Por tanto, cuando la Biblia dice: «Honra al Señor con tus riquezas, con las primicias», está hablando del principio del diezmo. En el Antiguo Testamento, cuando comenzaron a aparecer los primeros cultivos, los llevaban al templo. Era una forma de agradecer a Dios por la cosecha que les daba y de expresarle confianza en lo que estaba por venir.

Me encanta enseñar sobre el diezmo porque es extraordinariamente poderoso y, sin embargo, creo que es uno de los temas con los que la gente está más confundida. Podría llenar un libro con las historias de personas en nuestra iglesia cuyas vidas han cambiado simplemente al comenzar a obedecer este principio único.

La palabra *diezmo*, por definición, significa «décimo» o «diez por ciento».[10] El concepto del diezmo no es algo que la iglesia moderna o un grupo de pastores hayan propuesto. Diezmar fue idea de Dios y abarca cada era de la relación de Dios con su pueblo. Lo vemos en todo el camino de regreso en Génesis 14, cuando Abraham, que en ese momento todavía se llamaba «Abram», trajo un diezmo a Dios y se lo dio al sacerdote Melquisedec. Y continúa siendo presentado a través de la Palabra de Dios, en el Nuevo Testamento, donde Jesús nos dijo que debemos diezmar (Mateo 23:23). Es parte del plan de Dios para una vida sana.

Para comprender mejor este poderoso principio, podemos consultar Malaquías 3:8-10, uno de los pasajes más extensos de la Biblia sobre el diezmo:

«¿Acaso roba el hombre a Dios? ¡Ustedes me están robando! Y todavía preguntan: «¿En qué te robamos?» En los diezmos y en las ofrendas. Ustedes —la nación entera— están bajo gran maldición, pues es a mí a quien están robando. Traigan íntegro el diezmo para los fondos del templo, y así habrá alimento en mi casa. Pruébenme en esto —dice el SEÑOR Todopoderoso—, y vean si no abro las compuertas del cielo y derramo sobre ustedes bendición hasta que sobreabunde».

Permíteme darte una definición sencilla sobre el diezmo, basada en este pasaje: diezmar es dar el primer diez por ciento de nuestros ingresos a Dios a través de la iglesia local. En este pasaje, está claro que el pueblo de Dios estaba enfrentando problemas de dinero.

A medida que leemos, vemos un problema, un proceso, un propósito y una promesa.

- **El problema:** estás bajo una maldición. Imagínate a un pequeño *hámster* corriendo en su rueda... trabajando muy duro, pero sin llegar a ninguna parte. Cuanto más rápido corra, más rápido... llegará a... a ningún lado. Quizás te suene familiar. Estás trabajando, esforzándote y luchando, y todavía es difícil llegar a fin de mes. Parece que no importa lo que hagas, no puedes avanzar. No hay impulso financiero ni paz.
- **El proceso:** traer el diezmo *completo* al almacén. En la Biblia, *«almacén»* se usa indistintamente para *«iglesia»*, *«templo»* o *«casa de Dios»*. Tú aportas el diez por ciento de tus ingresos a tu iglesia. Es probable que pienses que no puedes darte el lujo de diezmar, pero lo cierto es que no puedes permitirte el lujo de **no** diezmar. El precio de la desobediencia siempre es más alto que el costo de la obediencia.
- **El propósito:** que haya comida en la casa de Dios. Esto se refiere a la fortaleza de tu iglesia. El diezmo no solo hace

que tu vida avance cuando siembras por fe y obediencia, sino que también hace que el trabajo de la iglesia avance. No damos el diezmo a una organización de caridad ni a un amigo misionero: diezmamos a nuestra iglesia, donde estamos plantados.

- **La promesa:** prueba a Dios y abrirá las ventanas del cielo para bendecir tu vida. Si diezmamos a la manera de Dios, nos estamos posicionando para vivir bajo un cielo abierto y recibir la bendición divina.

Haz del diezmo tu prioridad económica cada mes. Encuentra una manera de hacerlo funcionar y acomoda el resto de tu presupuesto para que se ajuste a la situación. Sí, eso significa que tal vez tengas que cortar el sistema de cable y dejar de ir a Starbucks, pero déjame decirte: ¡La bendición de Dios vale la pena! *Cuando se trata de eso, el diezmo no es un problema de dinero, es un asunto de confianza.* Aquí está la pregunta: ¿En quién confías para tu provisión? ¿Estás confiando en ti mismo? ¿En tu cónyuge? ¿En tu empleador? ¿En el gobierno? ¿En la economía? En lo que sea que hayas puesto tu confianza, definitivamente eso es lo que tiene el primer lugar en tu vida. De lo que trata el diezmo es de que mantengas a Dios primero en tu vida y, además, devolverle lo que le pertenece. Dios no «necesita» nuestro dinero. Pero sabe que necesitamos las cosas que el diezmo logra en nuestra vida para poder prosperar realmente.

Si eres diezmador, ¡sigue diezmando! Si el diezmo es nuevo para ti, o si no has sido consecuente con él, te animo a que comiences a diezmar periódicamente en tu iglesia local. La clave aquí es *coherentemente*. El diezmo es un principio que debe ser fiel y persistentemente puesto en acción. Confío en ti, comenzarás a ver que Dios es fiel a su promesa.

Ejercítate

Una de las cosas que me encantan del libro de Proverbios se refiere a todos los personajes sobre los que lees. Vemos al imprudente, el que todo lo cree y luego está el perezoso, el chico que simplemente no quiere trabajar. Proverbios 20:4 (NTV) dice: «Los que por pereza no aran en la temporada correspondiente no tendrán alimento en la cosecha». Si lo ponemos en los términos de hoy, podríamos decir: «Los holgazanes no trabajan duro todo el mes; así que el día de pago buscan un cheque, pero no encuentran nada».

Segundo pilar: Trabajo fuerte.

Hay una correlación directa entre el trabajo arduo y la fortaleza financiera, o «riqueza» como la Biblia a menudo la llama. Si quieres tener algo en la vida, la mayor parte del tiempo eso va a llegar a través del trabajo fuerte.

Este versículo habla de arar, un término agrícola que significa «romper y abrir la tierra; moverse o progresar con la fuerza motriz».[11] En la vida, al igual que en la agricultura, hay estaciones en las que aramos y estaciones en las que cosechamos. Cuando consigues un trabajo como hombre o mujer joven, generalmente después de la escuela secundaria o la universidad, apenas comienza la temporada de arar. Y, para la mayoría de la gente, dura mucho tiempo, generalmente cuarenta años o más.

En otras palabras, ¡es mejor que nos acostumbremos a trabajar! Theodore Roosevelt dijo: «*Mucho más allá, el mejor premio que ofrece la vida es la oportunidad de laborar duro en el trabajo que vale la pena hacer*».[12] Prepárate para poner tu hombro en ello, porque tenemos que trabajar duro, y luego levantarnos y volver a hacerlo cada día. Pero igual de importante, es «trabajar con gozo» en lo que sea que hagamos, como nos dice Colosenses 3:23: «Hagan lo que hagan, trabajen de buena gana, como para el Señor y no como para nadie en este mundo».

La «mentalidad minúscula» dice: *Voy a hacer lo mínimo necesario para salir adelante*. Si tienes esa práctica, entonces ese es el nivel en el que siempre operarás, el mismo en que recibirás. Darás el mínimo, recibirás el mínimo. Tu cuenta bancaria reflejará el mínimo. Tu progreso será el mínimo. Tu reintegro en la vida será el mínimo.

Pero si actúas con un espíritu que dice: *Iré más allá y haré más de lo que se me exija*, entonces naturalmente recibirás más.

Una vez escuché decir: «*Los sueños no funcionan a menos que los hagas funcionar*». Eso es verdad. Cualquier sueño, cualquier ambición, cualquier objetivo vendrá con un precio. Pero si estás dispuesto a pagar el precio y seguir arando, valdrá la pena.

Ve tu futuro a través del lente 20/20

Jonathan Swift, autor de *Los viajes de Gulliver*, nació en una familia pobre a mediados del siglo diecisiete, una época de grandes cambios en lo político, social y científico en Europa. A pesar de sus inicios menos ventajosos, la mente perspicaz y el ingenio brillante de Swift lo convirtieron en una influyente voz política y religiosa en su época. Tal vez estaba pensando en su propia travesía de estudiante pobre, huérfano y mediocre a prominente autor y decano de la Catedral de San Patricio (Dublín) cuando dijo: «*La visión es el arte de ver las cosas invisibles*».[13] Si queremos crear el movimiento de avance en nuestra vida, tenemos que ser capaces de mirar más allá de *cómo son las cosas y ver cómo podrían ser*.

Tercer pilar:
Visión.

Tener una visión de la vida que queremos es uno de los prerrequisitos más importantes para el éxito. Cuando tenemos una imagen del punto al que deseamos llegar, es más fácil pagar el precio requerido para alcanzarlo. La visión nos da la capacidad de decir no a las cosas buenas, de modo que podamos decir sí a las excelentes.

La visión nos impulsa a seguir adelante y nos mantiene en el camino recto. Las personas que carecen de visión «se extravían; dichosos los que son obedientes a la ley [de Dios]» (Proverbios 29:18, parafraseado). Si sentimos que estamos batallando en la vida, es hora de corregir nuestra visión.

Es bueno tener una visión en cuanto a las finanzas saludables, pero eso no lo es todo; también debemos ser buenos administradores. Veamos a continuación algunos puntos importantes para tener una buena visión con nuestras finanzas:

- Poder diezmar, pagar nuestras cuentas y cumplir con todas las obligaciones económicas a tiempo.
- Ahorrar cada mes.
- Crear un fondo de emergencia.
- Salir de las deudas.
- Ser generoso.
- Tener las finanzas para cumplir tus sueños.

Hay un viejo proverbio japonés que dice: «La visión sin acción es una fantasía. La acción sin visión una pesadilla». Esto es especialmente cierto en el área de las finanzas. Necesitamos tener una visión de lo que queremos ser y luego ponerla en acción.

Prepárate para triunfar

La visión y el trabajo arduos están diseñados para operar juntos y así lograr las promesas de Dios en nuestra vida, pero hay otro elemento en la ecuación: una buena planificación. Proverbios 21:5 (NVT) lo expresa de esta manera: «Los planes bien pensados y el arduo trabajo llevan a la prosperidad, pero los atajos tomados a la carrera conducen a la pobreza».

Cuarto pilar:
Buena planificación.

Si la visión es la imagen del punto al que queremos ir, los planes son el puente que usamos para llegar allí. El trabajo duro es el esfuerzo que se necesita para atravesar el puente. Estos tres trabajan juntos para desarrollar las posibilidades en la realidad.

¿Alguna vez has trabajado muy duro en algo solo para llegar al final y darte cuenta de que, en tu prisa, no valoraste algunos «detalles menores» en tu plan? Después de todo el trabajo arduo, tu esfuerzo fue en vano. Incluso si estamos dispuestos a trabajar duro, nuestro esfuerzo puede verse interrumpido por la falta de planificación.

Proverbios 16:3 dice que nos comprometamos con el Señor hagamos lo que hagamos y Él establecerá nuestros planes. Esa es la cosa: ¡Dios no puede establecer nuestros planes si no hemos hecho ninguno! Cuando nuestros planes honran a nuestro Dios, el Señor trae bendición a nuestra vida.

Algunos de nosotros somos planificadores por naturaleza. Otros, no tanto. Si una buena planificación no es actualmente parte de tu estrategia financiera, veamos a continuación algunos pasos muy sencillos y prácticos que te ayudarán a comenzar.

1. **Dale seguimiento a tus gastos durante noventa días.** Mantén un registro de cada centavo que gastas. Puedes hacerlo a la antigua, con un buen lápiz y papel, o descargar una aplicación para tu teléfono o tu computadora. Es posible que te sorprenda a dónde va tu dinero. La buena noticia es que, cuando lo sepas, podrás hacer cambios.

2. **Crea un presupuesto y mantenlo.** El presupuesto es simplemente un plan para tu dinero: Tú dices dónde quieres que tu dinero vaya.

3. **Comienza a ahorrar para tu futuro.** No vivas pensando solo en tus necesidades y deseos inmediatos. La sabiduría nos dice que pensemos en lo que viene y planifiquemos en consecuencia, de modo que podamos estar preparados.

Algunas veces nos alejamos de asuntos como planificar y presupuestar porque, si somos sinceros, tememos saber con exactitud dónde están las cosas. Tienes que aceptar las dificultades inminentes y soportar el dolor con fortaleza. Las cosas con las que no tratamos, por lo general, empeoran. Obtener una imagen precisa es el primer paso para que puedas cambiar tu situación financiera.

Como dijimos al comienzo del capítulo, las finanzas causan ansiedad a mucha gente. Contar con un plan no necesariamente cambiará tu situación al instante, pero a veces tenerlo todo en papel y saber que tienes un plan te produce paz de inmediato.

La palabra D

Seamos francos: a nadie le gusta escuchar la palabra disciplina. Pero para algunos de nosotros, la falta de disciplina es lo único que secuestra nuestro éxito financiero. La disciplina es a menudo lo que separa a aquellos que tienen éxito de los que no lo tienen.

Quinto pilar:
Disciplina.

En su exitoso libro *El millonario de al lado, Thomas J. Stanley y William D.* Danko dan a conocer este poderoso hallazgo: «Después de veinte años de estudiar a millonarios en un amplio espectro de industrias, hemos llegado a la conclusión de que *el carácter del dueño del negocio es más importante para predecir su nivel de riqueza que la clasificación de su negocio*».[14] Lo que hay dentro de ti, impacta tu vida económica más que cualquier otra cosa.

La autodisciplina es una de las herramientas más poderosas que tienes a tu disposición. En 1757, George Washington escribió unas instrucciones a los capitanes de su compañía, enfatizando el papel vital que la disciplina desempeñaba en sus esfuerzos: *«La disciplina es el alma de un ejército. Hace que pequeños números hagan cosas formidables; procura el éxito a los débiles y estima a todos».*[15] Lo mismo es cierto para nuestra vida. La disciplina produce transformación. Ayuda a fortalecer nuestras áreas débiles, mejora nuestras probabilidades de éxito y nos da una sensación de satisfacción saludable. Sin lugar a dudas, la disciplina es un ingrediente esencial para el éxito.

La verdad es que la economía es mucho más personal que financiera. La clave más importante para gestionar nuestras finanzas es administrarnos a nosotros mismos. Muchas veces queremos que la solución a los desafíos financieros sea algo grande: una promoción, un nuevo trabajo, una bonificación de fin de año, un tío rico que encontramos en Ancestry.com. etc. Estamos esperando que nos caigan las cosas del cielo, pero Dios nos está dirigiendo hacia la disciplina. Cuando la tentación impida la rutina diaria de presupuestar, trabajar y mantenernos disciplinados con nuestros hábitos de gasto, recuerda que: «La riqueza lograda de la noche a la mañana pronto desaparece; pero *la que es fruto del arduo trabajo aumenta con el tiempo»* (Proverbios 13:11, NTV, énfasis añadido).

Lo que he descubierto es que así es como Dios trabaja en nuestra vida, poco a poco. Dios puede querer darte un nuevo trabajo o una promoción y cambiar las cosas de una vez. Pero también podría querer darte algo mucho más poderoso: la disciplina para cambiar tu vida. Unas veces Dios quiere cambiar nuestra situación, pero otras quiere cambiarnos primero a nosotros.

La mayoría de la gente está a solo una crisis financiera de la ruina. Incluso si crees que no tienes nada que guardar, comienza con algo. Abre una cuenta de ahorros y ponle algo cada vez que te paguen, aunque sean cinco o diez dólares para comenzar. Poco a poco, ve aumentando hasta que puedas ahorrar del cinco al diez por ciento de tus ingresos cada mes. El principio 80/10/10 es una gran guía para un presupuesto básico: diez por ciento es tu diezmo, diez por ciento lo ahorras y debes aprender a vivir con el ochenta por ciento.

La disciplina es algo que paga altos dividendos en cada área de nuestra vida, ya sea en nuestra salud, finanzas, desarrollo de habilidades, relaciones o trabajo. Donde sea que queramos tener éxito, necesitaremos disciplina.

La bendición de la mano abierta

El experto financiero Dave Ramsey afirma: *«La generosidad extravagante es característica de los que tienen éxito con el dinero».*[16] Eso es cierto. Un espíritu generoso es una de las cosas más poderosas que podemos tener cuando se trata de ser bendecido. La generosidad tiene que ver con vivir de manera espléndida. En vez de vivir con el «puño cerrado», agarrando ansiosamente todo lo que es nuestro, adoptamos un enfoque receptivo, manifestando alegría al compartir, dar y derramar bendiciones a los demás.

Sexto pilar:
Generosidad.

Considera el evangelio desde el punto de vista de Dios. Juan 3:16 declara: «Tanto amó Dios al mundo que *dio*» *(énfasis añadido)*. La historia de la cruz lleva un mensaje abundantemente claro: la generosidad es la esencia de la piedad. Si vas a decir: «Quiero ser más como Dios», ¡entonces tendrás que ser una persona generosa! Dios ha sido tan benévolo y generoso con nosotros que es justo que nosotros, como cristianos, seamos los ejemplos más palpables de generosidad que el mundo haya visto.

Esto es mucho más que solo nuestras finanzas. La generosidad debe ser el espíritu imperioso que caracterice cada parte de nuestra vida. Cuando tenemos un espíritu generoso, la grandeza fluye desde el núcleo de nuestro ser y se manifiesta en todo lo que hacemos. Eso significa que debemos ser:

- **Generosos con nuestros pensamientos.** Opta por creer lo mejor de las personas, ten pensamientos positivos y opiniones positivas con ellos. No seas mezquino, crítico ni cínico. Ama a la gente sin ataduras. Ninguno de nosotros es perfecto, así que dales mucha gracia y la libertad de ser ellos mismos.
- **Generosos con nuestras palabras.** Haz un esfuerzo adicional para edificar a las personas con palabras que den vida. Elógialos. Diles que los aprecias. Encuentra una razón genuina para decirle algo agradable a alguien.
- **Generosos con nuestro tiempo.** No llenes tu vida tanto que no puedas darle a nadie tu tiempo. Elabora un itinerario apropiado para que puedas ser generoso con tu tiempo. No podemos ser de bendición si siempre estamos escasos de tiempo.

- **Generosos con nuestras finanzas.** El mundo podría decirnos que la generosidad no tiene lógica financiera: cuanto más das, menos tienes. Pero en el reino de Dios las cosas operan de una manera completamente diferente; ¡la generosidad allana el camino para que las bendiciones entren en nuestras vidas!

En Proverbios 11:17 vemos una poderosa ilustración del impacto que un espíritu generoso tiene en nuestra vida: «El que es bondadoso se beneficia a sí mismo [porque sus obras vuelven a bendecirlo]». La generosidad es como un bumerán. Las cosas que liberamos vuelven a bendecirnos. No damos para recuperar algo; eso es solo un derivado natural. Damos porque es lo que la Biblia nos dice que hagamos y porque es lo que Dios ha hecho por nosotros. Jesús dijo: «Lo que ustedes recibieron gratis, denlo gratuitamente» (Mateo 10:8). No hay mejor manera de modelar el amor de Dios que vivir generosamente con los corazones y las manos bien abiertos.

Agraciados en un lugar

Un verano en el que visitamos Newport Beach, algunos amigos nos llevaron a un lugar asombroso llamado The Wedge. A medida que las olas golpean las rocas, el impacto duplica su altura y su potencia, dándoles una forma de ola característica. De vez en cuando, las olas se forman en masas. El espectáculo es maravilloso, aunque también puede ser muy peligroso. Miles de personas han sido llevadas al hospital por diversos tipos de lesiones; algunos han llegado paralizados o incluso muertos.

Ese día vi a un grupo de muchachos surfeando, intentando aprovechar una gran ola. Fue entonces que vi a uno de ellos que había perdido un poco el rumbo. Estaba luchando cuando comenzó a acercarse a las rocas peligrosamente. De repente, dos salvavidas agarraron sus equipos y se lanzaron al agua con unas enormes boyas flotantes. Cuando lo alcanzaron, lo sacaron llevándolo más allá de las peligrosas olas. Muy pronto un gran barco salvavidas se acercó y lo recogió. Le dije a mi amigo Jonathan: «Bueno, eso es bochornoso». Él respondió: «Sí, es un poco embarazoso, pero es mejor sentirse avergonzado y vivir para surfear otro día».

Qué gran pensamiento, podemos aplicarlo a cualquier área de nuestra vida. Podemos sentir vergüenza por haber sido rescatados o ser demasiado orgullosos para no pedir ayuda y arriesgarnos a perderlo todo. Algunos somos muy buenos para dar la cara y actuar como si todo estuviera bien, cuando en realidad el barco se está hundiendo. Por desdicha, una de las áreas con las que hacemos más esto es con nuestras finanzas.

Séptimo pilar:
Humildad.

La humildad podría no ser algo que uno vea como un pilar para el éxito financiero, ¡pero lo es! Proverbios 22:4 nos muestra una conexión interesante entre la humildad y el dinero: «Recompensa de la humildad y del temor del Señor son las riquezas, la honra y la vida». El espíritu humilde nos permite pedir ayuda cuando las cosas nos salen mal. Podemos sentirnos un poco avergonzados en un momento, pero los dividendos que paga después serán enormes.

La humildad es poderosa porque el orgullo crea resistencia espiritual, pero la humildad proporciona poder divino. Santiago 4:6 dice que Dios resiste a los orgullosos *pero da gracia a los humildes.* Esa gracia es la habilidad que Dios nos da para un momento determinado. Solo es buena para el lugar al que Dios te ha llamado aquí y ahora. Proverbios 28:19-20 nos dice: *«El que se esfuerza en su trabajo tiene comida en abundancia, pero el que persigue fantasías termina en la pobreza. La persona digna de confianza obtendrá gran recompensa, pero el que quiera enriquecerse de la noche a la mañana, se meterá en problemas»* (NTV).

Estos versículos nos indican que evitemos cruzar los límites de lo que Dios nos ha dado aquí y ahora. Dios nos da gracia en lugares y situaciones determinadas. La gracia de Dios no nos sostiene ni nos da poder cuando intentamos vivir en los lugares de otra persona. Trabaja *tu* tierra, permanece fiel en tu lugar. Hay abundancia cuando eres plantado en el lugar donde has sido agraciado.

Te animo a que permitas que los principios de Dios sean tu máxima norma y guía para tus prioridades y decisiones financieras, por encima de tus deseos, planes, hábitos actuales o tus viejas ideas sobre el dinero. Dave Ramsey dice: *«Cuando basas tu vida en principios, el noventa y nueve por ciento de tus decisiones ya están hechas».*[17] Deja que la sabiduría de la Palabra de Dios te guíe y construya una vida que sea saludable y que le honre a Él.

Evalúa. Elimina. Elévate

Evalúa: ¿Están presentes en tu vida los siete pilares de la sabiduría financiera (honra, trabajo fuerte, visión, buena planificación, disciplina, generosidad y humildad)? ¿Cuáles no son tan fuertes como deberían?

Elimina: ¿Hay algún hábito financiero o pensamiento que esté saboteando tu salud financiera?

Elévate: Enumera cualquier nuevo hábito financiero o pensamiento que necesites cultivar. ¿Cuál es un paso práctico que puedes dar para implementarlo de inmediato?

Para obtener más detalles, una guía para un presupuesto mensual y recursos recomendados, consulta el apéndice.

Capítulo 10

No odies mientras esperas

La paciencia es amarga, pero su fruto es dulce.

Jean Chardin

No he hecho nada más frustrante que aprender a jugar al golf. *Nada.* Plantar una iglesia ha sido difícil, aunque maravilloso. Criar hijos ha sido difícil, algunas veces, pero gratificante. Aprender a jugar al golf es frustrante... *todo el tiempo.* Ha sido mi adversario una y otra vez en mi vida. El golf y yo tenemos una relación amor odio. Espero que algún día sea mucho más amor y mucho menos odio.

Ojalá alguien me diera una pastilla que pudiera tomar todas las noches por treinta días y que me hiciera un gran golfista. La realidad es que no quiero aprender a jugar golf. Quiero jugar al golf y quiero hacerlo bien. Lo que *debo* hacer es tomar más lecciones y dominar las habilidades y las técnicas elementales.

Sin embargo, lo que *me gustaría* hacer es salir y jugar. Guardo una esperanza muy profunda de que algún día apareceré y comenzaré a jugar mejor. Lamentablemente, aún no ha sucedido. Puedo frustrarme con el proceso de aprendizaje y «verificar» qué es lo que me deja exactamente en el mismo nivel de habilidad. O puedo ser lo suficientemente paciente para pasar por el proceso de aprendizaje y obtener todo lo que pueda de él, consciente de que la fase frustrante de aprendizaje es un factor determinante en el éxito general de mi juego de golf.

Aprender a jugar golf, como muchas otras cosas en la vida, no ocurre de la noche a la mañana. Requiere tiempo y paciencia. Y ahí radica la raíz de mi problema. El periodista deportivo estadounidense Grantland Rice lo resumió perfectamente cuando dijo: *«El golf te da una idea de la naturaleza humana».*[1] Simplemente, no soy por naturaleza una persona paciente.

He recorrido un largo camino para superar algunas de mis tendencias a impacientarme, pero es un área en la que tengo que trabajar continuamente y dejar que Dios se desarrolle en mí. Parece que no soy el único en ser una persona no muy paciente. Los ingenieros de Google dicen que el cuarenta por ciento de los usuarios cambian a un sitio web diferente si se tardan más de tres segundos en entrar a la página. Incluso un retraso de un cuarto de segundo influye en los usuarios de Internet para cambiar a un sitio web competitivo.[2]

Esto es más que solo una estadística sobre nuestros hábitos de uso de Internet; es un reflejo de la cultura en la que vivimos y la actitud que nuestra sociedad ha adoptado. Queremos tener exactamente lo que queremos y queremos tenerlo rápido, sin negativas, sin demoras. Pero probablemente hayas escuchado la frase: *«Las cosas buenas llegan para los que esperan».* Resulta que es verdad. Y es bíblico. El escritor de Hebreos nos dice que no seamos «perezosos; más bien, imiten a quienes por su fe y paciencia heredan las promesas» (6:12). Sí, la paciencia es un trabajo duro, pero la promesa vale la pena.

Esfuérzate, pero no te apresures

Por irónico que parezca, el progreso a menudo llega cuando somos pacientes. ¿Recuerdas al personaje en Lucas 13 que creía en grande y era esforzado? Tuvo el coraje y el valor de creer que podría cosechar algo de fruto de ese árbol y trabajó duro para ver que eso sucediera. Pero hay otro factor en la ecuación que vale la pena destacar: su paciencia. Si recuerdas, ya había esperado tres años para cosechar algo de fruto. Ahora estaba dispuesto a esperar más tiempo. Estaba dispuesto a esperar cuatro años por la posibilidad de que el árbol produjera algún fruto. Algunos de nosotros tenemos problemas para esperar *cuatro días*.

Para recibir lo que Dios ha prometido, debemos creer en grande y esforzarnos mucho, pero también debemos esperar. La paciencia es parte de la ecuación de Dios para que podamos recibir sus promesas. Hay cierta habilidad que debemos tener mientras navegamos en nuestro rumbo hacia adelante. En medio de la visión, el trabajo duro y la pasión que produce la fe, tenemos que desarrollar simultáneamente la fuerza de carácter para ser pacientes y confiar en el tiempo de Dios.

No podemos dejar que nuestro esfuerzo se convierta en prisa. A continuación tenemos una gran definición de paciencia:

La paciencia es el estado de la tolerancia en medio de circunstancias difíciles... perseverar frente a la demora o la provocación sin actuar de manera molesta, enojada; mostrando calma cuando se está bajo tensión, especialmente cuando se enfrenta con dificultades a largo plazo.

La paciencia es el nivel de resistencia que el carácter de la persona puede asumir tomar antes de enfrentar el pesimismo.[3]

A veces creemos que la paciencia y la espera son lo mismo, pero hay una diferencia significativa. La paciencia se esfuerza por mantener el carácter correcto y una gran actitud frente a la demora. Esperar, por otro lado, simplemente es aguantar el paso del tiempo, a menudo taconeando con un pie, cruzando los brazos, moviendo los ojos y mirando el reloj cada treinta segundos, preguntando: «¿Ya terminé?» (Seguido de un suspiro exasperado.) ¡No podemos estar enojados, frustrados, desanimados y pacientes al mismo tiempo!

Tal vez hayas escuchado hablar del término odio. Se trata de alguien amargado, frustrado, negativo y crítico. Eso es exactamente lo contrario a lo que la Biblia dice que hay que hacer para recibir las promesas de Dios. ¡Aunque es difícil, no odies mientras esperas!

Mantén la fe

Vimos la definición de paciencia del diccionario, ahora aquí está la definición bíblica: *esperar en Dios con una actitud positiva y un espíritu de fe.*

Cuando las cosas no van exactamente de acuerdo a nuestro tiempo, es fácil dejar que el pesimismo comience a inquietarnos y nos orille a querer resolver las cosas en nuestro tiempo. ¡Sé esto, porque lo he hecho!

A lo largo de la escuela secundaria y en la universidad, Leslie y yo tuvimos un historial de citas interrumpidas. Ambos seguimos creciendo en nuestra relación con Dios y aprendiendo cómo caminar la vida en calidad de adultos jóvenes. Durante ese tiempo, pasé una temporada en la que realmente estaba tratando de aclarar el plan de Dios para mi vida y mi futuro.

Le dije a Leslie que sentía que necesitaba tomarme un tiempo para dar un paso atrás y tener una temporada solo para buscar a Dios en verdad. Y lo hice, por casi un día. Después de eso, las cosas se pusieron realmente difíciles. Creo que me quedé con mi plan unos tres días más antes de ceder y le escribí a Leslie la carta más larga que había escrito.

Derramé mi corazón en una página tras otra, diciéndole cuánto la amaba, que sabía que ella era la única y así sucesivamente. La sellé, la puse en el buzón y esperé ansiosamente una respuesta. Día tras día, revisaba el correo en busca de su respuesta. Y día tras día, nada llegaba.

Al fin llegó el día en que recibí un sobre de su parte. Para mi gran consternación, dentro del sobre estaba *mi carta*, sin abrir, con las palabras «Devolver al remitente», escritas al frente.

¡No podía creerlo! Pero después que la conmoción se desvaneció, admiré el firme compromiso de Leslie de dejar que ese tiempo con Dios que yo había pedido tuviera su lugar e hiciera su trabajo. La constancia es una de sus cualidades más importantes y una de las cosas que más valoro y amo de ella.

Al final, mi impaciencia no tuvo ningún efecto importante a largo plazo. Poco después nos casamos y, veinticinco años más tarde, nuestra relación es saludable y próspera. Pero tratar de resolver las cosas con mi propia sabiduría y en mi tiempo, en lugar de confiar en el tiempo de Dios, sí complicaron la situación. Francamente, a veces nuestra impaciencia puede tener consecuencias serias y duraderas.

Tal vez hayas escuchado decir: *«Lo correcto en el momento equivocado sigue siendo incorrecto»*. Lo mejor de Dios en nuestro tiempo cesa para ser verdaderamente lo mejor posible. Ahora lo mejor *posible* es incomparable.

La mayoría de nosotros diría que queremos lo mejor de Dios para nuestra vida. Lo que no siempre nos gusta es la paciencia que se necesita para llevarnos allí. Pero nos guste o no, la paciencia es parte del proceso de crecimiento de Dios. La paciencia juega un papel clave en algunos de los factores más poderosos que dan forma a nuestro futuro:

1. *Tomar buenas decisiones.*
2. *Cultivar un alma sana.*
3. *Optar por confiar en Dios.*

Me gusta llamarlos «factores futuros». Cuando se aplican de manera constante en nuestra vida, estas tres cosas nos hacen avanzar y nos ayudan a construir un buen futuro. Lo más importante es que contribuyen a forjar una vida que honra a Dios y nos brinde recompensas de significado eterno.

Factor futuro # 1: Tomar buenas decisiones.

Nada es más poderoso que poder tomar buenas decisiones. Como mencioné antes, nuestras decisiones determinan nuestra dirección y nuestra dirección determina nuestro destino. Estamos dando forma lenta pero segura a nuestra vida y eligiendo nuestro destino con las decisiones que tomamos a diario. Si no tenemos cuidado, la impaciencia puede hacernos tomar decisiones en el momento que no se ajusten con el lugar en el que queremos llegar en la vida.

La realidad es que una decisión impaciente puede llevarnos a un gran desvío en la senda de la vida. Puede que no impida que cumplamos nuestro destino y abracemos todo lo que Dios nos ha llamado a ser, pero podemos terminar transitando un largo camino para llegar allí. También puede significar que tengamos que vivir con las consecuencias de nuestra elección.

Si queremos resultados positivos en nuestra vida, tenemos que tomar decisiones positivas y saludables. Eso va a significar demorar la gratificación por el bien del panorama general. Difícil, pero vale la pena.

Hace muchos años escuché una pequeña frase: «Vive hoy con el mañana en la mente». Esta pequeña porción de sabiduría me ha ayudado significativamente en cuanto a tomar buenas decisiones. La paciencia nos da la sabiduría para desacelerar y hacernos las preguntas correctas antes de saltar directamente y tomar medidas. Aquí hay algunas preguntas que nos ayudarán a tomar buenas decisiones:

- *¿Qué dice la Palabra de Dios?*
- *¿Qué es lo más sabio de hacer?*
- *¿Tengo todos los hechos?*
- *¿Cuáles serán las consecuencias de esta decisión para mí y para los demás?*
- *¿Debo obtener algo de sabiduría de alguien más?*
- *A la luz de mis experiencias pasadas, mi situación actual y mi visión del futuro, ¿es esta una buena opción?*

La impaciencia puede distorsionar nuestra perspectiva. Si alguna vez divulgaste una imagen en las redes sociales, es posible que estés familiarizado con lo mucho que un filtro puede cambiar el aspecto de la misma. Puedes tomar una buena fotografía y hacer que se vea mal o tomar una mala imagen y hacer que se vea bien. La impaciencia hace lo mismo en nuestra vida. Pone un filtro en el lente de nuestra mente y puede engañarnos para tomar una decisión basada en una percepción alterada de la realidad.

Tómate tu tiempo y toma una buena decisión, especialmente con las grandes. No me malinterpretes, ¡no todas las decisiones son importantes! Si estás en un restaurante tratando de decidir qué comer, solo lee el menú y elige algo. Pero cuando se trate de grandes decisiones, como elegir con quién nos vamos a casar o si nos mudaremos a una nueva ciudad, siempre vale la pena ser pacientes lo suficiente como para tomar una sabia decisión.

Factor futuro # 2: Cultivar un alma sana.

El discípulo amado dice en 3 Juan 2: «Querido hermano, oro para que te vaya bien en todos tus asuntos y goces de buena salud, así como prosperas espiritualmente». La salud de nuestra alma debe ser una prioridad para nosotros, porque está en el centro de lo que somos y de todo lo que hacemos.

Es probable que estés de acuerdo en que la paciencia es una de las cosas que produce un alma sana en nuestra vida. Y eso es cierto, pero la paciencia también es parte de la prescripción de Dios sobre cómo cultivar un alma sana en primer lugar. Lucas 21:19 (RVR60) dice: «Con vuestra paciencia ganaréis vuestras almas».

Cada uno de nosotros se encontrará en situaciones que pesan en nuestra mente, perturban nuestras emociones o crean tensión en nuestra voluntad en algún momento. Una persona paciente puede soportar las presiones de la vida sin permitir que desentrañe su alma (su mente, sus emociones y su voluntad). Esta paciencia les permite pensar con claridad, mantener su actitud y sus emociones bajo control, y continuar tomando buenas decisiones, incluso en tiempos difíciles.

En 1886, William Bernard Ullathorne publicó un libro compuesto por una serie de conferencias sobre la paciencia llamado: *Paciencia cristiana, la fortaleza y la disciplina del alma*. En una de sus conferencias, expresó: «No puede haber mejor prueba de un alma sana que la alegría cotidiana. La alegría cristiana brota de la caridad y está protegida por la paciencia... paciencia que mantiene al alma en paz, y resguarda el manantial de alegría de ser perturbado o disminuido».[4]

Sin embargo, para una persona impaciente, la vida comienza a sentirse sin control rápidamente porque su alma está desenfrenada. El peligro de dejar que nuestra alma se aleje de nosotros es que nuestra mente, nuestras emociones y nuestra voluntad comienzan a adelantarse a nosotros. En lugar de estar en paz, nuestra alma entra en un estado de sobrecarga y frustración. Cuando eso sucede, la salud de nuestra alma comienza a declinar, y podemos caer en un estado de constante lucha.

Esta batalla surge al tratar de cumplir la voluntad de Dios para nuestra vida con nuestra propia fuerza y en nuestro tiempo. He aquí la progresión que sucede: el alma impaciente se convierte en un alma enferma. El alma enferma lleva a esforzarse. El esfuerzo no nos permite sincronizarnos con lo mejor de Dios para nosotros.

Una persona con un alma sana puede confiar en que Dios construirá su vida de acuerdo con su plan, en su tiempo. El Salmo 127:1 dice: «Si el Señor no edifica la casa, en vano se esfuerzan los albañiles. Si el Señor no cuida la ciudad, en vano hacen guardia los vigilantes». Lo que Dios edifica, lo sostiene. Tenemos que sostener las cosas que construimos con nuestra propia fuerza.

Esta es un área en la que tuve que rendirme a Dios muchas, muchas veces a lo largo de los años. Cualquiera que me conozca dará fe del hecho de que puedo ser inquieto e impaciente, siempre listo para actuar. Tengo que tener cuidado de no avanzar en un tiempo en el que Dios ha dicho: «*Espera*». Batallar nunca puede construir la plenitud del propósito de Dios en nuestra vida.

Dios nos ha llamado a seguir avanzando en la vida, a seguir dando los próximos pasos, pero debemos mantener un alma sana para que no demos un paso en falso en el proceso. La paciencia nos permite seguir esperando a Dios con un espíritu de fe, incluso en las temporadas de «sequía» de las que nos gusta salir rápidamente. Como dice la entrenadora de vida Nancy Levin, tenemos que «honrar el espacio entre no más y aún no».[5] Dios no desperdicia ni una sola temporada en nuestra vida. Aun cuando no podemos verlo, Él tiene un plan.

¿La impaciencia se ha infiltrado en tu alma y te ha llevado a la frustración y a la lucha? A menudo sucede tan gradualmente, que ni siquiera nos damos cuenta. Veamos algunas preguntas que debes plantearte para que sepas si has cruzado a un lugar de batalla:

- ¿Está tu mente tranquila y en reposo, o está inquieta y preocupada?
- ¿Son tus emociones pacíficas, o estás agitado, frustrado y enojado?
- ¿Tus decisiones son dirigidas por el Espíritu o ellas están tratando de controlar y manipular tus circunstancias?

Un alma sana puede avanzar con fe y descansar feliz, libre y contenta en este momento, mientras esperas.

La espera vale la pena

En 1972, la Universidad de Stanford realizó un experimento con unos niños a los que les dieron un malvavisco en una habitación especial. Se les dijo que si esperaban hasta que el investigador que realizaba la prueba regresara, podrían tener dos malvaviscos. Inevitablemente, algunos de ellos cedieron al deseo de la gratificación inmediata, mientras que otros optaron por esperar la gratificación por la recompensa incrementada.

Años más tarde, los resultados del seguimiento revelaron que los niños que podían esperar mostraban mejores resultados más adelante en la vida: mejores puntuaciones escolares, menores niveles de abuso de sustancias, mayor competencia y mejores habilidades sociales, así como una mayor capacidad para manejar el estrés, planificar y concentrarse sin distracciones.[6]

Sin embargo, los investigadores aún tenían curiosidad. ¿Qué influenció la capacidad de los niños para tener paciencia y esperar la recompensa? Para encontrar la respuesta, la Universidad de Rochester realizó otro experimento. Crearon dos grupos de niños y planearon una serie de interacciones que tendrían lugar antes de que se les ofrecieran los malvaviscos. Antes de recibirlos, a los niños de ambos grupos se les dio una misma tarea para que la cumplieran. En un grupo, el investigador prometió que les llevaría mejores materiales de arte en dos oportunidades diferentes. Sin embargo, en cada una de esas oportunidades, regresó sin los materiales. El segundo grupo recibió la misma promesa, pero los mejores materiales de arte se les entregaron según lo prometido. Luego se realizó el experimento del malvavisco.[7]

En el grupo en el que el investigador cumplió su promesa, era mucho más probable que los niños esperaran todo el tiempo y recibieran la recompensa. De hecho, esperaron cuatro veces más tiempo que los chicos cuyo investigador no cumplió su promesa.

La sorprendente conclusión fue esta: *el factor más importante que determinó la decisión de los niños de esperar fue si confiaban o no en la persona que los dirigía.* Más que hambre u otro factor que afectara los resultados, su creencia moldeó su disposición a esperar.

¿No es esto cierto en nuestra vida también? Cuando creemos que Dios es bueno, que nos ama y que tiene un buen plan para nuestra vida, tenemos la fortaleza y la esperanza de seguir esperando, incluso en medio de circunstancias difíciles. Pero cuando comenzamos a cuestionar la bondad de Dios y su amor por noso- tros, nuestra confianza flaquea y luchamos por ser pacientes. Por- que, si somos sinceros, no estamos seguros de que vaya a valer la pena la espera. Lo que creemos sobre Dios determina en última instancia cómo esperamos en medio de situaciones que deseamos poder cambiar.

La verdadera pregunta es: ¿Quieres lo mejor de ti ahora o lo mejor de Dios más tarde? Cuando se llega a eso, mucha de nuestra impaciencia se arraiga a la creencia de que el plan que tenemos para nuestra vida es mejor que el de Dios. La clave es optar por creer que se puede confiar en Dios con cada parte de nuestra vida.

La misionera Elisabeth Elliot vivió esto con mucho poder en su vida. Elisabeth y su esposo Jim sirvieron como misioneros en Ecuador en la década de 1950. Se conocieron en la universidad y compartieron la pasión por llevar el evangelio a las naciones, especialmente a grupos de personas que tenían poco acceso a la Biblia.

Después de graduarse en la universidad, siguieron por separa- do el trabajo misionero en Ecuador, cada uno convencido de que era a lo que Dios los había llamado en ese tiempo. En 1953, tras cinco años de separación, se casaron en Ecuador y continuaron el trabajo que Jim había estado haciendo entre los indios quichua.

En el otoño de 1955, uno de los amigos de Jim que trabaja- ba con pilotos misioneros se encontró con un pequeño asenta- miento indígena de huaoranis en la jungla. Las tribus vecinas a ellos llamaban a los huaoranis *aucas*, una palabra aborigen que significa *«salvaje»*. La violencia caracterizaba todos los aspectos de su cultura. Cuando un miembro de su tribu envejecía o enfer- maba, los otros descolgaban su hamaca y lo enterraban vivo. A los niños varones se les enseñaba a matar a una edad temprana, a menudo por deporte. La revista *Time* los llamó «la peor gente de la tierra».[8] Eran una tribu literalmente definida por una cultura de muerte.

La tribu auca era el pináculo de las personas no alcanzadas en Ecuador, el tipo de individuos por los que Jim y sus amigos se sentían obligados a alcanzar. Jim y otros cuatro misioneros decidieron que asumirían el desafío de acercarse a los aucas y darles a conocer el evangelio. Oraron, planificaron y elaboraron estrategias sobre cómo podrían establecer contacto de manera más efectiva, investigando las técnicas de otros misioneros con tribus similares.

Después de mucha planificación y preparación, pasaron tres meses usando aviones para realizar vuelos bajos sobre el asentamiento auca, dejando caer regalos, suministros y diciendo frases amistosas en su lengua materna. En enero de 1956, decidieron establecer contacto cara a cara con la tribu. Pero a pesar de un amistoso encuentro inicial, la segunda reunión se volvió violenta y todo el contacto por radio se perdió.

Cinco días después, Elisabeth recibió la noticia de que su esposo y los otros hombres habían sido asesinados a tiros. Ella estaba devastada. Habían esperado cinco años para casarse y ahora, después de solo dos años de matrimonio, Jim ya no estaba. Después de su muerte, Elisabeth decidió quedarse en Ecuador con su hija Valerie de diez meses. Continuó su trabajo entre las tribus, preguntándole a Dios si había algo que Él quisiera que ella hiciera por la gente auca, para ella obedecerlo.

Un día, inesperadamente, se encontró con una mujer auca que había huido de su tribu. A través de ella, Elisabeth pudo restablecer la conexión con los aucas. Dos años después de la muerte de Jim, ella y Valerie, de tres años, junto con la hermana de uno de los otros misioneros, se mudaron para vivir entre los auca.

En los dos años que pasó allí, Elisabeth vio a muchos miembros de la tribu una vez violenta convertirse a Cristo, incluidos algunos de los mismos hombres que habían asesinado a su esposo. El dolor de su mayor pérdida produjo las semillas de su mayor victoria: llevar el evangelio a un pueblo previamente insensible al mensaje de esperanza e inspirar a miles de cristianos de todo el mundo a dedicar sus vidas al trabajo misionero radical.[9]

Factor futuro # 3: Optar por confiar en Dios.

Uno de los mensajes de vida que llevó Elisabeth Elliot fue este: «La voluntad de Dios siempre es diferente de lo que [esperamos]; siempre más grande y, en última instancia, infinitamente más gloriosa que [nuestras] imaginaciones más descabelladas».[10]

De eso se trata, cuando todo se viene abajo, la paciencia impele a confiar en Dios. Aquí es donde entra la parte de la «fe» de «esperar a Dios con un espíritu de fe». Es increíblemente difícil confiar en Dios algunas veces. Sobre todo cuando la vida no es como pensamos que sería.

Podemos comenzar a preguntarnos: *¿Me ha olvidado Dios? ¿Ve Él el dolor y la frustración que esto me está causando? ¿Cómo podría esto ser parte de su plan?* Elisabeth luchó a través de algunos de esos momentos en los que se preguntaba y esperaba. Más adelante, en su programa de radio, compartió estas sabias palabras:

Cuando estamos esperando en Dios... no tenemos un cronograma en frente de nosotros... A veces pensamos que nuestra vida está en espera. No creo que esperar en Dios sea algo meramente pasivo. Y ciertamente no significa que nuestra vida esté en espera. Cada segundo de cada minuto de cada hora de cada día de cada semana de cada mes de cada año, estamos destinados a vivir activamente por la fe. Estamos hablando de confianza. Y cada segundo es real.[11]

En muchos puntos a lo largo del camino, la respuesta de Dios a mis preguntas ha sido la misma: *Créeme*. Algunas de las otras palabras que usa la Biblia en lugar de paciencia son *tolerancia, resistencia, constancia y perseverancia*. Cuando vemos todas estas palabras juntas, lo que comunican es la idea de que podemos enfrentar la resistencia —que debemos asumir el compromiso de no rendirnos en medio de lo que estamos enfrentando—, sin importar cuán incómoda se ponga la situación. Eso es exactamente lo que tenemos que hacer en los tiempos cuando Dios nos pide que esperemos, que confiemos en Él.

Esto es difícil. Verdaderamente, *realmente* duro, a veces. Cuando tenemos que esperar, por lo general se genera algún tipo de malestar. Así que, ¿qué tenemos qué hacer? Naturalmente, buscamos formas de aliviar nuestra incomodidad. Pero de lo que no nos damos cuenta es que cuando estamos fuera de nuestra rutina, de hecho, estamos en posición de que Dios haga su trabajo más importante en nuestra vida. Santiago 1:2-4 dice: «Hermanos míos, considérense muy dichosos cuando tengan que enfrentarse con diversas pruebas, pues ya saben que la prueba de su fe produce constancia. Y la constancia debe llevar a feliz término la obra, para que sean perfectos e íntegros, sin que les falte nada».

La versión de la Biblia Nueva Traducción Viviente lo dice de esta manera: «Porque ustedes saben que, siempre que se pone a prueba la fe, la constancia tiene una oportunidad para desarrollarse. Así que dejen que crezca, pues una vez que su constancia se haya desarrollado plenamente, serán perfectos y completos, y no les faltará nada» (vv. 3-4).

Esto es lo que debemos recordar: *mientras esperamos en Dios, Dios está obrando en nosotros*. Está construyendo algo muy profundo dentro de nosotros que es de gran valor y es eterno. Hay algunas cosas que solo se pueden trabajar dentro o fuera de nuestra vida mediante la paciencia.

Aunque Elisabeth Elliot lidió con diversas épocas de alegría y dolor, pérdida y triunfo, pudo salir al otro lado con una comprensión extraordinaria de lo que significa confiar verdaderamente en Dios. Por eso escribió: «Las lecciones espirituales más profundas no se aprenden cuando Él nos deja hacer nuestro camino hasta el final, sino haciéndonos esperar, soportándonos con amor y paciencia hasta que podamos orar sinceramente lo que les enseñó a sus discípulos a orar: "Hágase tu voluntad"».[12]

Las promesas de Dios siempre son mejores en su tiempo, no en el nuestro. Necesitamos darle tiempo y confiar en que Él sabe lo que está haciendo. La paciencia prepara la promesa y nos prepara para la promesa.

Tal vez te encuentres en un punto en que estás luchando por confiar en Dios mientras esperas. Quizás estés cansado de una temporada mundana en la que parece que no está sucediendo nada. Tal vez estés en medio de una situación dolorosa, y has esperado tanto tiempo que parece que tus esperanzas, sueños y planes se han esfumado. La vida te ha quemado y lo que te queda es un montón de cenizas humeantes.

En la Biblia, las cenizas representaban el luto. Pero encontramos una promesa increíblemente tranquilizadora en Isaías 61:3 (NTV): «A todos los que se lamentan en Israel les dará una corona de belleza en lugar de cenizas, una gozosa bendición en lugar de luto, una festiva alabanza en lugar de desesperación. Ellos, en su justicia, serán como grandes robles que el Señor ha plantado para su propia gloria».

Si te encuentras batallando para lidiar con algunas partes de tu historia que no tienen sentido o parecen no ser justas; si estás luchando por reconciliar la realidad de las decepciones, los fracasos, las pérdidas o las oraciones sin respuesta con la bondad de Dios, encuentra la esperanza en estas poderosas palabras de Elisabeth Elliot: «De una cosa estoy absolutamente segura: la historia de Dios nunca termina con "cenizas"».[13]

Puede que haya algunas cosas que nunca comprenderemos completamente de este lado de la eternidad. A lo que podemos aferrarnos es a la verdad de que incluso en los tiempos difíciles en los que se pone a prueba nuestra fe, Dios puede obrar en nosotros y a través de nosotros para producir algo mucho más significativo de lo que podríamos imaginar.

Cuando la vida rompa nuestros planes, podemos mirarlos y ver piezas inutilizables y rotas sin ningún propósito aparente en ellas. Pero lo que tenemos que recordar es que hay una imagen más amplia que no podemos ver, una que viene en cada situación y cada temporada de la vida. Cada pieza tiene un lugar en la imagen. Vemos las piezas rotas, pero Dios ve el cuadro completo.

Es un mosaico donde se toman las piezas rotas y se transforman en una obra maestra.

Siempre sucede más de lo que podemos ver. Sigue tomando buenas decisiones, sigue cultivando un alma sana y sigue confiando en Dios. No odies mientras esperas. Mientras esperas, Dios está trabajando.

Evalúa. Elimina. Elévate

Evalúa: ¿En qué áreas de tu vida tiendes a ser impaciente?

Elimina: ¿Qué dudas, preguntas o frustraciones específicas necesitas liberar?

Elévate: Identifica un área para que te enfoques en esta semana: tomar buenas decisiones, cultivar un alma sana o confiar en Dios. ¿Cuál es el mayor paso que debes dar en esta área?

Cuando nuestra fe comienza a vacilar, la duda y la impaciencia pueden empezar a infiltrarse. Cuando eso suceda, siempre debemos retroceder y aferrarnos a la verdad de la Palabra de Dios.

A continuación tenemos algunas de las verdades en las que necesitamos anclarnos cuando estamos en un lugar de espera y confiando:

1. Dios es bueno (Salmos 100:5; 136:1).
2. Él te ama, todo el tiempo, sin importar nada (Jeremías 31:3; Romanos 8:38-39).
3. Él nunca te dejará ni te desamparará (Deuteronomio 31:8; Isaías 43:2).
4. Él tiene un buen plan para tu vida. Su plan no es hacerte daño, sino darte un futuro y una esperanza (Jeremías 29:11).

Epílogo

Espíritu de vencedor

Es esencial entender que las batallas
se ganan, principalmente, en los
corazones de los hombres.

Bernard Law Montgomery

Tu corazón es el campo de batalla de tu futuro. La realidad es que, mientras persigues el plan de Dios para ti, puedes pasar por la lucha de tu vida en el camino. ¿Recuerdas a Louie Zamperini? Ese fue ciertamente su caso. En los talones de su mayor logro llegó la pelea más grande que había tenido hasta ese momento: la lucha por sobrevivir.

Después de que había roto el récord registrado en toda la nación y había clasificado para los Juegos Olímpicos de Berlín de 1936, la vida de Louie dio un giro violento. La Segunda Guerra Mundial estalló y él, como muchos otros de esa generación, suspendió sus sueños y se alistó en el servicio militar. En abril de 1943, mientras estaba en una misión de rescate con otros diez hombres en el Pacífico Sur, su avión sufrió una falla en el motor y se estrelló en el océano. Solo Louie y otros dos sobrevivieron.

Ellos lograron mantenerse con vida flotando en una balsa en aguas abiertas, pero las condiciones eran inhumanas. A medida que pasaban las semanas, sus caras se llenaban de ampollas por el sol, sus labios se hincharon hasta llegarles a las narices y las barbillas. Los hombres desfallecían producto del hambre y la deshidratación, hasta que al fin uno de ellos murió. Cuando Louie y su amigo yacían en la balsa, rodeados de tiburones en el agua, sabían que era más crucial que nunca mantener viva la esperanza.

Tras sobrevivir unos impensables cuarenta y siete días en el mar y naufragar una asombrosa distancia de dos mil millas, parecía que estaban a punto de ser rescatados mientras un avión volaba sobre sus cabezas. Pero sus problemas estaban lejos de terminar. Cuando una pesadilla terminaba, comenzaba una nueva. Fueron capturados por los japoneses y puestos en prisión, donde les hicieron pasar hambre, tortura y abusos mental y físicamente. Sus captores los llevaron al límite, y muchas veces las circunstancias se volvieron insoportables.

Hubo un incidente particularmente violento con sus captores que Louie sabía que estaba hecho para quebrantarlo. «Pero no podía perder la esperanza», dijo. «No es mi estilo. Haría lo que tuviera que hacer para sobrevivir. Desde ese momento hasta el final de la guerra, cuando fuimos liberados, realmente llegué a comprender el significado de la frase "No te rindas, no te rindas"».[1]

Voluntad para vencer

La mayoría de nosotros nunca se ha encontrado con el tipo de desafíos que Louie Zamperini tuvo que enfrentar. La mayoría de nosotros nunca enfrentaría algo así. Nuestros desafíos pueden ser diferentes, pero Dios quiere que nos acerquemos a ellos con el mismo espíritu que Louie: el espíritu de un vencedor.

Para algunos, es el peso sofocante de una empresa en aprietos lo que los mantiene despiertos pensando toda la noche: ¿Qué va a pasar si esto no funciona? Otros se preguntan cómo seguir avanzando en la vida mientras sufren la pérdida de alguien cercano o que vive con una enfermedad crónica. Tal vez tu matrimonio, el que solía ser saludable y fuerte, se está desmoronando poco a poco. Se está destruyendo ante tus ojos, y no tienes idea de qué hacer para detener el desplome. En tiempos como esos, necesitamos un espíritu de superación que nos ayude a sostenernos.

Sin embargo, la necesidad de vencer no solo ocurre cuando enfrentamos situaciones que nos alteran la vida. Tenemos que ser capaces de superar las cosas que sucederán en la vida cotidiana también: cuando se produce un acuerdo en el trabajo, cuando tu auto se descompone y pierdes una reunión importante, cuando llegas a un punto difícil en la crianza de los hijos.

No importa cuán exitosos o inteligentes seamos ni cuánto dinero tengamos. Todos enfrentaremos desafíos y oposición en algún momento. La pregunta es: ¿Nos vencerán o los superaremos? Podemos enfrentar circunstancias en las que no tenemos el poder para cambiar. La superación no es necesariamente el cambio que traemos a una situación sino el espíritu que mantenemos en medio de ella.

Cuando pensamos en eso, debemos recordar que la Biblia es una colección de las mejores historias jamás contadas. Es de lo que están hechas las películas épicas: héroes imperfectos, situaciones imposibles y un costoso acto de redención que cambió el curso del futuro eterno de la humanidad. Su impacto se extendió por generaciones y ha estado transformando vidas desde entonces. Sí, si alguna vez hubo una historia sobre superación, la Biblia es eso. Pero esta historia sobre la superación no es solo una con la que Dios tiene la intención de que leamos; es la que Él quiere que vivamos. Lo que tenemos que darnos cuenta es que Dios nos creó para ser vencedores (Romanos 8:37; 1 Juan 5: 4). La historia de la que somos parte —y siempre ha sido así—, es la de la superación.

La buena vida

Hay muchos versículos sobre la superación o el triunfo, pero quiero centrarme en dos en particular. Analicemos lo que significan para nosotros y luego extraigamos la estrategia que nos dan para superar y avanzar en la vida.

«No dejen que el mal los venza, más bien venzan el mal haciendo el bien» (Romanos 12:21).

«Ellos lo han vencido por medio de la sangre del Cordero y por el mensaje del cual dieron testimonio; no valoraron tanto su vida como para evitar la muerte» (Apocalipsis 12:11)

El enemigo hará todo lo que esté a su alcance para desviarnos y evitar que cumplamos nuestro propósito. Pero, ¿cómo hacemos lo «bueno» en nuestras vidas para que podamos vencerlo? Mateo 12:35 nos dice que un hombre bueno «de la bondad que atesora en el corazón saca el bien».

La clave para vencer es construir consistentemente cosas buenas en nuestra vida. Necesitamos prepararnos para la victoria mucho antes de llegar al campo de batalla. Si lo superamos en el momento, es porque hemos puesto cosas buenas en el camino. Veamos tres «cosas buenas» que nos preparan para el campo de batalla de los desafíos de la vida: un buen espíritu, un buen sistema de apoyo y una buena estrategia.

1. Un buen espíritu.

Un buen espíritu es un espíritu fuerte. Puede presionar hacia adelante, de frente a la resistencia. Piensa en la fortaleza desde un punto de vista físico. La resistencia no disminuye la fuerza de un músculo; lo fortalece. Un espíritu sano no solo puede hacer frente a la resistencia sino que, de hecho, puede ganar fuerza con ella.

A medida que avanzamos para superar algunos de los inconvenientes y problemas que nos detienen, enfrentaremos cierta resistencia. Tendremos que ser capaces de soportar cierta cantidad de tensión en el camino hacia el logro de nuestro objetivo. Esto se aplica espiritual, física, mental y emocionalmente. Si tenemos un espíritu fuerte, eso nos ayuda a tener la fortaleza interna que necesitamos para fortalecer también otras áreas de nuestra vida: nuestra mente, nuestras emociones e incluso nuestro cuerpo físico.

Un buen espíritu no solo es fuerte, también está lleno de fe. Cuando se trata de avanzar en la vida y en nuestra relación con Dios, nada es más importante que la fe. Hebreos 11, el gran capítulo del «Salón los famosos de la fe», nos dice que sin fe es imposible agradar a Dios (v. 6) y que la fe es «la garantía de las cosas que esperamos» (v.1). La fe tiene la asombrosa capacidad de mover el corazón de Dios y hacer que actúe a nuestro favor (Marcos 5:34).

En pocas palabras, lo mejor de Dios para nuestra vida siempre requiere fe. Siempre está más allá de lo que podemos entender o lograr por nuestra cuenta. Nuestra propia fuerza, nuestra propia sabiduría y nuestras propias capacidades simplemente no son suficientes. Si tenemos algunas visiones y sueños del tamaño de un Dios en nuestro corazón, vamos a necesitar fe para verlos llegar a buen término.

Por último, un buen espíritu es perseverante e implacable. Santiago 1:12 nos exhorta: «Dichoso el que resiste la tentación porque, al salir aprobado, recibirá la corona de la vida que Dios ha prometido a quienes lo aman». Si realmente creemos que Dios es quién dice que es y puede hacer lo que dice que hará, producirá una cualidad perseverante e implacable en nuestro espíritu. No se trata de personalidad, se trata de tenacidad espiritual y mental. Se trata de fuerza y de carácter. Se trata de apretar los dientes y tomar la decisión de seguir adelante cuando tengamos ganas de darnos por vencidos.

En su libro *Your Road Map for Success*, el experto en liderazgo John Maxwell dice: «El fracaso llega fácilmente a todos, pero el precio del éxito es la perseverancia».[2] Si eres alguien que no renuncia, sobresaldrás del montón. En una temporada difícil de la vida, es posible que sientas que apenas puedes aguantar. Sigue poniendo un pie delante del otro, un día tras otro, minuto a minuto. Tal vez sientes que ni siquiera puedes hacer eso. Incluso en esos momentos, aún puedes tener el propósito de mantenerte firme y mantener el progreso que has logrado. No te retires y comiences a dar pasos hacia atrás. Algunas veces la clave para ganar es simplemente no renunciar. Hagas lo que hagas... no te rindas.

2. Un buen sistema de apoyo.

Dios nos diseñó para funcionar mejor en el contexto de las relaciones sanas y vivificantes. Hasta Jesús pasó su tiempo en la tierra con un equipo de personas que estaban estrechamente conectadas con su vida diaria. Proverbios 18:1 nos advierte: «La gente poco amistosa solo se preocupa de sí misma; se opone al sentido común» (NTV).

Si no cuentas con un buen sistema de apoyo de personas que puedan ayudarte, te recomiendo que conviertas eso en una prioridad. Si aún no lo has hecho, participa en una iglesia en la que puedas nutrirte. ¡Involúcrate! Sirve, únete a un equipo de voluntarios, participa en un grupo pequeño. Conéctate deliberadamente con personas compasivas que se muevan en la dirección correcta.

El orador motivacional, Jim Rohn, dijo: «Eres el promedio de las cinco personas con las que pasas más tiempo».[3] Las personas con las que pasas tiempo moldean significativamente lo que eres y a dónde vas en la vida. ¿Con qué tipo de gente estás saliendo? ¿Quién está hablando a tu vida e influenciando tu corazón, tu mente y el rumbo de tu existencia? ¿Quieres que tu vida se parezca a la de ellos?

Como dice el refrán: «Muéstrame a tus amigos y te mostraré tu futuro». Las malas decisiones pueden destruir una vida, pero construir amistades sanas y vivificantes con personas piadosas puede ayudarte a llegar lejos y disfrutar la travesía de la vida.

3. Una buena estrategia.

Recuerda la estrategia que Apocalipsis 12:11 (RVR60) nos da para poder vencer: «Y ellos le han vencido por medio de la sangre del Cordero y de la palabra del testimonio de ellos, y menospreciaron sus vidas hasta la muerte». Vamos a desglosar esto un poco.

«La sangre del Cordero» nos dice que el poder de vencer no se encuentra en nuestra propia fuerza, sabiduría o habilidad. Viene de la victoria que Cristo ganó en la cruz. En el Antiguo Testamento, se requería un sacrificio para pagar los pecados de las personas. La sangre se consideraba como pago, y las personas eran perdonadas y limpiadas de sus pecados. La muerte de Jesús en la cruz fue el sacrificio final, el pago definitivo de nuestros pecados cuando se derramó la sangre perfecta de un hombre sin pecado. Debido a ese sacrificio, nuestro pecado puede ser borrado. El pecado y la muerte ya no reinaron más: fueron derrotados por la muerte y la resurrección de Jesús. La sangre de Jesús es nuestro salvavidas para la salvación, la fuerza, la sabiduría, el poder, la resistencia y la esperanza que no podríamos tener de otra manera.

«La palabra de su testimonio» se refiere a las palabras que hablamos. Una confesión es una declaración de algo que es verdad. Romanos 10:9-10 nos enseña que la salvación viene a través de la creencia y la confesión. Creemos en nuestro corazón que Cristo resucitó de los muertos y también lo confesamos con nuestra boca. Esto es lo que quiero presentarte: si la confesión inicia la salvación, entonces la confesión —la declaración de la verdad en la que creemos— es algo que debe continuar a lo largo de nuestra vida cristiana para mantenernos caminando en victoria. Las palabras que hablamos tienen efectos poderosos en nuestra vida, tanto positivos como negativos. Proverbios 18:21 nos advierte: «En la lengua hay poder de vida y muerte; quienes la aman comerán de su fruto».

Adquiere el hábito de hablar la Palabra de Dios a tu vida. ¡Habla sobre tu salud, tu mente, tu futuro, tu matrimonio, tus hijos, tu trabajo, todo! Cuando Jesús fue tentado, respondió a los ataques del enemigo con «Escrito está» (Mateo 4:4). El enemigo no teme a nuestras palabras, le teme a la *Palabra de Dios*. Apréndete la Palabra de Dios. Ora, habla y créela, eso cambia las cosas. (Si necesitas ayuda para comenzar, dos grandes recursos muy valiosos son *El poder secreto de hablar la Palabra de Dios*, de Joyce Meyer, y *Las oraciones* de Germaine Copeland.)

La tercera parte de la estrategia es algo que crea una barrera gigante para muchos de nosotros: salir de nuestra rutina. «No amaron sus vidas hasta la muerte» significa que nuestra rutina no puede determinar nuestro rumbo. Probablemente estés pensando: *Espera un momento; esto está hablando de muerte y eso es realmente intenso.* Solo sígueme la pista por un minuto mientras miramos esto. No digo que tengamos que morir por Jesús para ser buenos cristianos, pero lo que sí vemos en este versículo es que estos creyentes no pusieron ningún límite a lo que estaban dispuestos a hacer por Jesús. Nada estaba más allá de su alcance; todos estaban dentro. Su rutina no determinaba su compromiso con Dios.

La naturaleza humana racionalmente se mueve hacia la comodidad, lejos de la incomodidad. Pero esto es lo que aprendí: todo lo significativo que Dios ha traído a mi vida se inició cuando tomé la decisión voluntaria de entrar en algo incómodo. Cuando nos mudamos a África, fue incómodo. Recaudar fondos, dejar a nuestras familias y amigos, el proceso real de mudarnos allí, sumergirnos en una nueva cultura… todo era completamente ajeno a nuestra rutina. Luego, cuando nos mudamos a Memphis, eso también fue difícil. Leslie y yo crecimos en Baton Rouge y, con la excepción de nuestra estadía en África, vivimos allí toda la vida. Estábamos acostumbrados a estar con una gran cantidad de familiares y amigos que conocíamos desde que éramos niños. Fue una sensación incómoda regresar a los Estados Unidos para plantar una iglesia (algo que nunca habíamos hecho) en una ciudad donde no conocíamos a nadie.

Veinte años después, nuestra iglesia está prosperando, el sueño que hemos visto en nuestros corazones se ha convertido en una realidad, y sé que, sin lugar a dudas, estoy caminando en el propósito de Dios para mi vida. Pero hubo un montón de decisiones inciertas e incómodas en el camino que nos trajeron a este punto. Al reflexionar ahora, me alegra mucho que Leslie y yo no dejamos que la incomodidad de salir con fe nos impidiera decir que sí al llamado que tenía nuestra vida.

Las grandes cosas nunca nacieron en lo rutinario de la vida. No podemos amar tanto nuestra vida que no estemos dispuestos a seguir adelante cuando Dios llama. No dejes que nada tenga un control tan firme sobre tu vida que te impida responder a la dirección del Espíritu Santo. Ninguna comodidad terrenal lo vale. Vivir la vida llena de propósitos para la que fuiste creado tiene un costo, pero vale la pena el precio. Elige soportar un poco de incomodidad y avanza para hacerte del premio que durará para siempre.

En la arena

Mi esperanza y oración es que, al leer estos capítulos, te inspires para hacer algunos cambios que te ayudarán a avanzar hacia lo mejor de Dios. Pero quiero alentarte algo, no te conformes solo con inspirarte. Como escribió una vez Dale Carnegie: «*Nuestro problema no es la ignorancia, es la inacción*».[4] La inspiración es algo maravilloso, pero la inspiración sin acción no produce resultados.

En 1910, Theodore Roosevelt pronunció estas palabras llenas de pasión en un discurso titulado «Ciudadanía en una república», más comúnmente conocido como «El hombre en la arena»:

No es el crítico quien cuenta; no es el hombre que señala cómo tropieza el hombre fuerte, o dónde el hacedor de obras podría haberlo hecho mejor. El crédito pertenece al hombre que está realmente en la arena, cuyo rostro está estropeado por el polvo, el sudor y la sangre; quien se esfuerza valientemente; quien se equivoca, que se queda corto una y otra vez, porque no hay esfuerzo sin error y deficiencia; pero quien realmente se esfuerza por hacer las obras; quien conoce grandes entusiasmos, las grandes devociones; quien se gasta en una causa digna; quien en el mejor de los casos sabe el triunfo de los grandes logros y quien, en el peor, si fracasa, al menos falla mientras se atreve mucho, de modo que su lugar nunca estará con esas almas frías y tímidas que no conocen la victoria ni la derrota.[5]

Las palabras de Roosevelt fueron más que un discurso entusiasta; fueron la historia de su vida. Un caso agudo de asma amenazó su vida cuando era un bebé y perjudicó gravemente su salud cuando era niño. En su juventud, sufrió la muerte de su esposa y su madre el mismo día, dejándolo como padre soltero de una niña de solo dos días. Una y otra vez, Roosevelt fue arrojado a «la arena» de la vida. Pero en lugar de retirarse a un segundo plano, se enfrentó a sus desafíos de frente con una determinación a perseverar implacable, feroz, frente a la dificultad. Sabía que en la arena es donde se ganan las victorias de la vida. No podemos ganar y vencer si elegimos permanecer seguros protegidos en los confines de nuestra comodidad, inspirados pero no en acción. Podemos evitar la incomodidad, pero también nos negaremos la victoria. Si queremos recibir el premio, debemos salir a la arena y estar dispuestos a luchar con la vida.

Terminar fuerte

En su libro *Devil at My Heels*, Louie Zamperini recuerda lo que le permitió triunfar frente a circunstancias desesperantes y sin esperanzas una y otra vez. Él dijo: «Llegué tan lejos y me negué a darme por vencido porque toda mi vida terminaba la carrera».[6]

Creo que es probable que al apóstol Pablo le habría gustado ardiente y persistentemente la personalidad de Louie. Pablo habla frecuentemente de correr en sus escritos, y compara nuestra vida como cristiano con una carrera. En 2 Timoteo 4:7-8, cuando se acerca el final de su vida, Pablo reflexiona en su «carrera» —la vida que él tuvo— y la recompensa que tenía preparada para él. Por eso dijo: «He peleado la buena batalla, he terminado la carrera, he guardado la fe. Ahora me espera la corona de justicia». Hay una sensación de satisfacción final en esas palabras, debido a que Pablo lo había dado todo y estaba terminando fuerte.

Él nos dice clara y llanamente: estamos en una pelea. Es una buena pelea, pero es una pelea, no obstante. Creo que Pablo nos recuerda que si queremos terminar fuertes, tenemos que ejercitar una «lucha» dentro de nosotros también.

Habrá temporadas en las que perseguir lo mejor de Dios signifique participar en la lucha para ganar la batalla por nuestro futuro. Lo que debemos recordar es que el propósito es siempre mayor que la lucha, y la lucha vale la pena. El vencedor es alguien que puede mantener su fe en medio de la lucha. Cuando los desafíos surgen en nuestro camino, debemos hincarnos en nuestras rodillas espirituales y decir: «Esto no me va a sacar adelante. Puedo, y lo haré, superaré esto con la ayuda de Dios».

Primero gana la batalla en tu corazón. Vencemos cuando la lucha dentro de nosotros es mayor que la que nos rodea. Intensifica la pasión para que termines fuerte, superes el desafío y salgas al otro lado: mejor, más fuerte y más como Cristo.

Poco a poco

Hace poco nuestra familia visitó Perú y, mientras estuvimos allí, tuvimos la extraordinaria oportunidad de escalar Machu Picchu. Era asombroso ver las antiguas ruinas a tal altura en las montañas, podíamos mirar a kilómetros de distancia. Nos quedamos en Lima, lo que significaba que iba a ser un poco difícil llegar a Machu Picchu. Tuvimos que tomar un vuelo corto a un pequeño pueblo en las montañas llamado Cusco. Luego tuvimos que conducir a la estación ferroviaria, abordar un tren hasta la cordillera y, una vez que llegamos a las montañas, finalmente comenzamos nuestra caminata hacia Machu Picchu para ver los lugares más interesantes.

Fue espectacular. Pero fue un proceso.

Lo mismo es cierto cuando se trata de avanzar y superar las barreras para obtener lo mejor de Dios en nuestra vida. No te desanimes si te lleva un tiempo progresar. El éxito no es algo que sucede en un día; es algo que sucede a diario. Lo más probable es que haya algunas montañas que tendrás que escalar por el camino.

Muchas veces oramos, oramos y oramos para que Dios mueva la montaña de forma que podamos seguir avanzando. Y a veces Dios hace un milagro y mueve las montañas de repente. Pero a veces no lo hace. A veces quiere usar la montaña para hacernos crecer, por lo que en lugar de intimidarnos y bloquear nuestro progreso, se convierte en un trampolín hacia algo más grande. Pide el milagro y cree, pero no establezcas un campamento si te dice que comiences a escalar.

Claro, sería mucho más fácil si Él simplemente aclarara todos los obstáculos que nos detienen. Pero, para ser franco, Dios usualmente nos lleva a lo mejor de una manera diferente. Cuando los israelitas finalmente llegaron a la tierra prometida después de su viaje por el desierto, no pudieron entrar y comenzar su nueva vida. Había obstáculos que superar y enemigos a los que derrotar. Éxodo 23:30 nos dice que Dios expulsó a sus enemigos «poco a poco». La tierra prometida ya era suya, pero tomar posesión de ella fue un proceso. Ese proceso les permitió forjar la fuerza que necesitaban para prosperar en su nuevo hogar.

El plan de Dios para nuestra vida se desarrolla poco a poco, paso a paso. Agradezco mucho que Dios sea más paciente conmigo que yo con Él. Cuando intentamos avanzar, es fácil adelantarse o desanimarse si las cosas no cambian de la noche a la mañana. Solo sigue dando el paso delante de ti hoy… y mañana…y al día siguiente…y el día después de eso. Hay un proverbio peruano que dice: «Poco a poco se llega lejos».[7] Un día mirarás hacia arriba y te darás cuenta de lo lejos que Dios te ha llevado.

Sí, habrá desafíos. Te enfrentarás a la resistencia en el camino. Pero con el espíritu del vencedor, puedes elevarte por encima de ellos. Como dijo el doctor Martin Luther King Jr. en su poderoso discurso titulado *«Sigue moviendo esa montaña»:* «Si no puedes volar, corre, si no puedes correr, camina, si no puedes caminar, gatea pero, sobre todo, sigue moviéndote».[8]

Apéndice

Guía para hacer un presupuesto

Estas son algunas categorías de un presupuesto básico y los porcentajes promedio que te servirán de guía a medida que elaboras uno. Los porcentajes enumerados representan la *cantidad total* de tus ingresos destinados a la categoría.

Para calcular tus ingresos, añade el ingreso total cada mes y deduce el diezmo mensual y las ofrendas, los impuestos y el dinero para establecer un fondo de emergencia de $1,000 si no tienes uno. Una vez que hayas establecido tu fondo de emergencia de $1,000 no necesitas restarlo de tu ingreso total al comienzo de cada mes, pero es aconsejable que te asegures de continuar ahorrando.

Ingresos totales: .... $ _____

   —Diezmos (10%): .... $ _____

   —Impuestos:........................ $ _____

   —Fondo de emergencia: .... $ _____

Ingresos:............................. $ _____

Tome tu ingreso y aplica los siguientes porcentajes para obtener una guía básica para tu presupuesto mensual.

(Nota: Es importante tener en cuenta los diversos costos que pueden incluirse en cada categoría. Por ejemplo, la categoría de transporte debe representar algo más que el pago de tu automóvil, debes tener en cuenta el seguro del auto, la gasolina, las reparaciones y las tarifas anuales por impuestos y matrícula).

Vivienda (32%) .... $ _____

Alimentos / comestibles (15%)............ $ _____

Transporte (15%)....................... $ _____

Seguro de vida (2%)..................... $ _____

Ropa (5%)............................. $ _____

Deudas (5%) .... $ _____

Ahorro (5%) .... $ _____

Medicinas (7%) .... $ _____

Regalos (2%).......................... $ _____

Entretenimiento / Recreación (7%) .... $ _____

Varios (5%) .... $ _____

Estos porcentajes se recomiendan como una guía para ayudarte a comenzar. Cada persona o familia es diferente, por lo que puedes ajustar los porcentajes según sea necesario para satisfacer tus necesidades particulares. Pero recuerda, si aumentas el porcentaje de una categoría, debes compensarlo bajando otro. *La conclusión del presupuesto exitoso es que tus porcentajes totales siempre deben sumar cien por ciento.*

Para una enseñanza más profunda sobre las finanzas, te animo a que consultes un breve libro que escribí llamado *Worry Free Finances.*

Agradecimientos

Quiero agradecer y reconocer a dos personas increíbles con las que tengo el privilegio de trabajar: Aimée Farmer y Katie Welch han pasado incontables horas organizando, escribiendo y editando este proyecto. Ellas son una parte clave de nuestro equipo aquí en The Life Church, y además de sus responsabilidades regulares, hicieron todo lo posible para hacer de este libro una realidad.

Notas

Introducción

1. Gordon MacDonald, *Ordering Your Private World* (Thomas Nelson, 2007).
2. Kathi Lipp, *Clutter Free* (Harvest House, 2015).

Capítulo 1 El juego de la culpa

1. Steve Carell and Helena De Bertodano, «Steve Carell Interview for *Despicable Me 2*», *The Telegraph*, June 27, 2013, www.telegraph.co.uk.
2. Charles R. Swindoll, «The Value of a Positive Attitude», *Insight For Today*, November 19, 2015, www.insight.org.
3. Citado de John C. Maxwell, *Jump Start Your Growth: A 90-Day Improvement Plan* (Center Street).
4. Brian Tracy, *No Excuses! The Power of Self-Discipline* (Vanguard Press).
5. Jim Collins, «Level 5 Leadership: The Triumph of Humility and Fierce Resolve, *Harvard Business Review*, July/August 2005, www.hbr.org.
6. Dirk G. J. Panhuis, *Latin Grammar* (University of Michigan Press, 2006).
7. Maya Angelou, *Letter to My Daughter* (Random House, 2008).
8. Stephen R. Covey, *Los 7 hábitos de la gente altamente efectiva* (Free Press).

Capítulo 2 Adelante, con paso firme

1. Caroline Leaf, *¿Quién me desconectó el cerebro?* (Inprov, 2009).
2. Neil T. Anderson, *Victoria sobre la oscuridad* (Regal Books, 1990).
3. Citado de Don Colbert, *Deadly Emotions: Understand the Mind-Body- Spirit Connection That Can Heal or Destroy You* (Nelson).
4. Ibid.
5. Ibid.
6. Bradford A. Mullen, «Sanctification», *Evangelical Dictionary of Biblical Theology*, ed. Walter A. Elwell (Baker Books), accessed January 29, 2016, www.biblestudytools.com.
7. Dallas Willard, *Renovation of the Heart: Putting On the Character of Christ* (NavPress).
8. Charles F. Stanley, *El éxito a la manera de Dios* (Thomas Nelson, 2000).
9. Elisabeth Kübler-Ross and David Kessler, *Life Lessons: Two Experts on Death and Dying Teach Us about the Mysteries of Life and Living* (Scribner).
10. Ibid.

Capítulo 3 Cómo vencer la preocupación

1. Billy Graham, Franklin Graham, and Donna Lee Toney, *Billy Graham in Quotes* (Nelson).
2. Richard Hillyer, *Divided between Carelessness and Care: A Cultural History* (Palgrave Macmillan).
3. L. D. Kubzansky et al., «Is Worrying Bad for Your Heart?: A Prospective Study of Worry and Coronary Heart Disease in the Normative Aging Study», *Circulation* vol. 95, no. 4 (February 18, 1997), www.circ.ahajournals. org.
4. Don Colbert, *Deadly Emotions: Understand the Mind-Body-Spirit Connection That Can Heal or Destroy You* (Nelson).
5. Ibid., 6.
6. Steve Sisgold, «De-Stress on Demand», *Psychology Today*, March 13, 2014, www.psychologytoday.com.
7. Dale Carnegie, *How to Stop Worrying and Start Living* (Simon and Schuster).

8. Robert L. Leahy, *The Worry Cure: Seven Steps to Stop Worry from Stopping You* (Harmony Books).

9. Corrie ten Boom, *Clippings from My Notebook: Writings and Sayings Collected* (Nelson).

Capítulo 4 Adiós, pensamientos negativos

1. John Locke, *An Essay Concerning Human Understanding*, vol. 1, edited by Alexander C. Fraser (Clarendon Press).

2. Leaf, *¿Quién desconecto mi cerebro?*, 120.

3. Ibid., 40.

4. Ibid., 120.

5. James Allen, *Above Life's Turmoil* (Cosimo Classics).

6. Martin Luther and James C. Galvin, *Faith Alone: A Daily Devotional* (Zondervan).

7. Leaf, *¿Quién desconecto mi cerebro?*.

8. Joyce Meyer, «You Can Win the Battle in Your Mind», www.joycemeyer.org.

9. Citado de Peter Economy, «21 Positive Quotes That Will Powerfully Influence Your Life and Work», *Inc.com*, September 10, 2015, www.inc.com.

10. Leaf, *¿Quién desconecto mi cerebro?*.

11. Citado de Jonathan Parnell, «100 Quotes from You on Sanctification», *Desiring God*, June 29, 2012, www.desiringgod.org.

12. Citado de Jay W. West, *Willing to Yield* (Spirit Truth).

13. Citado de Noah Brooks, *Lincoln Observed: Civil War Dispatches of Noah Brooks*, ed. Michael Burlingame (Johns Hopkins University Press).

14. Andrew B. Newberg and Mark Robert Waldman, *How God Changes Your Brain: Breakthrough Findings from a Leading Neuroscientist* (Bal- lantine Books).

15. Caroline Leaf, «How Prayer Affects the Brain», June 1, 2015, www.drleaf.com.

16. Anthony Martino, «Testimony», email message to the author, October 9, 2014, reprinted by permission.

Capítulo 5 Tiempo de restaurar

1. Citado de Tom Corr, *2,320 Funniest Quotes: The Most Hilarious Quips and One-liners from Allgreatquotes.com* (Ulysses).

2. Beth Han et al, «Receipt of Services for Behavioral Health Problems: Results from the 2014 National Survey on Drug Use and Health», www.samhsa.gov.

3. Citado de Philip Schaff, ed. *Nicene and Post-Nicene Fathers: First Series*, vol. 7 (T&T Clark).

4. Citado de Kelly Nickell, ed. *Pocket Patriot: Quotes from American Heroes* (Writer's Digest Books).

5. Citado de Lewis Howes, «10 Lessons for Entrepreneurs from Coach John Wooden», *Forbes*, October 19, 2012, www.forbes.com.

Capítulo 6 Acceso restringido

1. Citado de Tara Koellhoffer, *Dealing with Frustration and Anger* (Chelsea House).

2. W. Robertson Nicoll, ed., *The Expositor's Greek Testament*, vols. 1–4 (George H. Doran Company).

3. John C. Barefoot, Grant W. Dahlstrom, and Redford B. Williams, «Hostility, CHD Incidence, and Total Mortality: A 25-Year Follow-Up Study of 255 Physi- cians», *Psychosomatic Medicine* 45, no. 1 (March 1983).

4. Colbert, *Deadly Emotions*, 118.

5. Maria Konnikova, «The Lost Art of the Unsent Angry Letter», *New York Times*, March 22, 2014, www.nytimes.com.

6. Colbert, *Deadly Emotions*, 53–56.

7. Edward Bulwer-Lytton, *Caxtoniana: A Series of Essays on Life, Literature and Manners* (Harper & Brothers).

Capítulo 7 Abre la puerta (y bota la llave)

1. «Timeline», *Nelson Mandela Foundation*, accessed January 30, 2016, www.nelsonmandela.org.
2. Citado de Nadia Bilchik, «A White South African's Memories of Man- dela», *CNN*, June 18, 2013, www.cnn.com.
3. Strong's Concordance, «4625. (skandalon)», *Bible Hub*, accessed January 30, 2016, www.biblehub.com
4. *Invictus*, directed by Clint Eastwood (Warner Brothers Studios), DVD.
5. Colbert, *Deadly Emotions*, 122.
6. «Forgive: Definition of Forgive», Oxford Dictionary (US English), accessed January 30, 2016, www.oxforddictionaries.com.
7. Corrie ten Boom, «I'm Still Learning to Forgive», *Guideposts*, November 1972.
8. Martin Luther King Jr., Susan Carson, and Clayborne Carson, *The Papers of Martin Luther King, Jr.* 2nd ed., vol. 4 (University of California Press).
9. Martin Luther King Jr., «Loving Your Enemies», www.theking center.org.

Capítulo 8 Cree en grande, esfuérzate al máximo

1. Louis Zamperini and David Rensin, *Don't Give Up, Don't Give In: Lessons from an Extraordinary Life*, reprint ed. (Dey Street Books).
2. Ibid., 19.
3. Ibid., 26.
4. «Rocky», *New York Times*, November 1, 1976, www.nytimes.com.
5. «Diligence—Dictionary Definition», Vocabulary.com, accessed January 30, 2016, www.vocabulary.com.
6. Diligence», *Webster's Revised Unabridged Dictionary* (C & G Merriam Co.).
7. «Negate—Dictionary Definition», *Merriam-Webster*, accessed January 30, 2016, www.merriam-webster.com.
8. «Details Matter», *NBC News*, February 24, 2014, www.nbcnews.com.
9. Lee Cockerell, *Time Management Magic: How to Get More Done Every Day, Move from Surviving to Thriving* (Emerge, 2014).
10. Robert Frost, *North of Boston* (H. Holt and Co., 1915).
11. Zamperini and Rensin, *Don't Give Up, Don't Give In*.
12. Jim Collins, «Good to Great», *Jim Collins*, October 2001, www.jim collins.com.

Capítulo 9 Los siete pilares de la sabiduría financiera

1. Melissa Chan, «Here's How Winning the Lottery Makes You Miserable», *Time*, January 12, 2016, www.time.com.
2. Kathryn Buschman Vasel, «Why We Overspend», *Fox Business*, June 12, 2012, www.foxbusiness.com.
3. Ibid.
4. Martha C. White, «Today's Young Adults Will Never Pay Off Their Credit Card Debts», *Time*, January 17, 2013, www.business.time.com.
5. Elyssa Kirkham, «1 in 4 Americans' No. 1 Daily Thought Is Money, Survey Finds», *MSN Money*, September 9, 2015, www.msn.com.
6. Norman B. Anderson, PhD, and Cynthia D. Belar, PhD, *Stress in America: Paying With Our Health*, report, American Psychological Association, 2014.
7. Ibid.
8. Dave Ramsey, «The Bible and Money—Church Curriculum», accessed January 31, 2016, www.daveramsey.com.
9. Robert T. Kiyosaki and Sharon L. Lechter, *Rich Dad, Poor Dad* (Warner Business).
10. «Dictionary Definition: Tithe», *Merriam-Webster*, www.merriam-webster.com.
11. «The American Heritage Dictionary Entry: Plowed», *American Heritage Dictionary*, accessed January 31, 2016, www.ahdictionary.com.

12. Theodore Roosevelt, «Address to the New York State Agricultural Association», *The American Presidency Project*, March 6, 2016, www.presidency.ucsb.edu.

13. Jonathan Swift and Walter Scott, *The Works of Jonathan Swift, Containing Additional Letters, Tracts, and Poems Not Hitherto Published; with Notes and a Life of the Author* (A. Constable, 1814).

14. Thomas J. Stanley and William D. Danko, *The Millionaire Next Door: The Surprising Secrets of America's Wealthy* (Atlanta, GA: Longstreet Press, 1996).

15. Citado de National Archives, «Instructions to Company Captains, 29 July 1757», *Founders Online*, last updated March 28, 2016, www.founders. archives.gov.

16. Dave Ramsey, «6 Quotes That Will Make You Smarter Today», accessed January 20, 2016, www.daveramsey.com.

17. Dave Ramsey, «When You Base Your Life on Principle, 99% of Your De- cisions Are Already Made», Twitter post, March 18, 2013, www.twitter.com.

Capítulo 10 No odies mientras esperas

1. Citado de George Fuller, *I Golf, Therefore I Am—Nuts!* (Human Kinetics).

2. Dave Nussbaum, «Why Good Things Come to Those Who ... Wait», *Capital Ideas*, July 1, 2013, www.chicagobooth.edu.

3. «Patience», *Virtue First Foundation*, accessed January 31, 2016, www.virtue first.org.

4. William Bernard Ullathorne, *Christian Patience, the Strength & Discipline of the Soul: A Course of Lectures* (Burns & Oates).

5. Nancy Levin, «Is It Time for a Graceful Exit?» June 24, 2015, www.nancylevin.com.

6. American Psychological Association, «What You Need to Know about Will-power: The Psychological Science of Self-Control», accessed January 21, 2016, www.apa.org.

7. Celeste Kidd, Holly Palmeri, and Richard N. Aslin, «Rational Snacking: Young Children's Decision-Making on the Marshmallow Task Is Moderated by Beliefs about Environmental Reliability», *Cognition* 126, no. 1 (January 2013).

8. «Ecuador: Mission to the Aucas», *Time*, January 23, 1956, www.time.com.

9. «Jim Elliot Biography», Wheaton College, www.wheaton.edu.

10. Elisabeth Elliot, «The Supremacy of Christ», *The Elisabeth Elliot News- letter*, March/April 1993, www.elisabethelliot.org.

11. Elisabeth Elliot, «Waiting on God», *Gateway to Joy Radio Program* (Good News Broadcasting Association, Inc.), February 19, 1998.

12. Elisabeth Elliot, *Pureza y pasion* (Editorial Nivel Uno).

13. Elisabeth Elliot, *These Strange Ashes* (Harper & Row).

Epílogo

1. Zamperini and Rensin, *Don't Give Up, Don't Give In.*

2. John C. Maxwell, *Your Road Map for Success* (Thomas Nelson, 2002).

3. «Jim Rohn—The Law of Average», YouTube video, 6:49, posted by Marco Christen on March 8 2016, www.youtube.com.

4. Dale Carnegie, *How to Stop Worrying and Start Living* (Simon and Schuster).

5. Theodore Roosevelt, «Citizenship in a Republic», speech April 23, 1910, accessed January 22, 2016, www.theodo rerooseveltcenter.org.

6. Louis Zamperini and David Rensin, *Devil at My Heels* (Harper- Collins).

7. Deborah L. Kopka, Nancy Klepper, and Ann Edmonds, *Central & South America* (Lorenz Educational Press).

8. Martin Luther King Jr., «Keep Moving from This Mountain», address at Spelman College, Atlanta, Georgia, April 10, 1960, accessed January 31, 2016, www.swap. stanford.edu

Acerca del autor

John Siebeling es un apasionado por desarrollar líderes y ayudar a las personas a avanzar en la vida. Es autor de *Momentum and Worry Free Finances*. La enseñanza de John aporta perspicacia y aliento a miles de personas a través de su programa televisivo. John y su esposa, Leslie, son los pastores fundadores y líderes de The Life Church, ubicada en el área metropolitana de Memphis, Tennessee. The Life Church es una iglesia diversa, multicultural, que ha sido calificada como una de las de más rápido crecimiento en los Estados Unidos. A John y a Leslie les encanta vivir al máximo con sus dos hijos, Anna y Mark.

Le invitamos a que visite nuestra página web donde
podrá apreciar nuestra pasión por la publicacion
de libros y Biblias:

WWW.EDITORIALNIVELUNO.COM

www.EditorialNivelUno.com

Para vivir la Palabra